ど真剣に生きる

稲盛和夫
inamori kazuo

NHK出版
生活人新書
327

◎本書は、NHK教育テレビにて二〇〇六年六月に放送された「NHK知るを楽しむ　人生の歩き方～稲盛和夫　ど真剣に生きる」をもとに再構成しました。各章は番組テキストを、章末の「インタビュー採録」は番組でのインタビューをまとめたものです。なお、各章の本文中の数字などは二〇〇六年時点のものです。

はじめに

私の人生を振り返ってみますと、青少年時代は挫折の連続でした。十二歳のときに当時不治の病と言われた結核にかかる一方、中学や大学の受験にも失敗し、いずれも志望校には行けませんでした。就職でも希望した会社には採用されず、何とか入れたところは赤字続きの会社。同期が次々と会社を去っていくなかで、自分だけが取り残されてしまう。そんな自分の不運を嘆いたことが幾度もあります。

しかし、入社後どこにも逃げていくところがない状況に追い込まれてからは、不平不満を並べることをやめ、目の前の仕事にど真剣に取り組むようにしました。いま思い返しますと、そのときから、人生が大きく好転していったように思います。

その後、二十七歳のときに多くの方々のご支援により、京セラを設立していただいてからは、従業員が安心して働ける立派な会社にしたいと思い、ひたむきに経営に打ち込んできました。寝ても覚めても会社や従業員のことを考え、どんなささいな案件にも全神経を集中し判断する。そして、常に人間としてのあるべき姿を追い求めながら、従業員と心を一つにして、愚直に誰にも負けない努力を重ねる。いま思い返せば、このことが、今日の京セラや同じく私が創業に携わったKDDIを作り上げたのだと思います。

二十七年ほど前に、京都の中小企業の経営者から、京セラを急成長させた私に経営のあり方を学びたいとの声があがり、盛和塾《せいわ》を設立しました。いまでは、日本各地、また海外にも盛和塾ができ、塾生数は約六千人にもなっています。各地域で開催される塾長例会では、塾生の会社が発展し、そこに集う従業員も幸福になることを願い、リーダーのあり方や経営の要諦を精魂込めて語りかけています。

またこの盛和塾と同じころに始めたのが、稲盛財団です。「世のため、人のために尽くすことが人間として最高の行為である」という私の人生観に基づき、同財団を設立し、京都賞という顕彰事業などを通じ、社会貢献にも努めてまいりました。

さらに本年二月には、企業再生支援機構と政府から「日本航空の再建に協力してほしい」との要請があり、日本経済や日本航空の社員のために役立てばという思いから同社の会長職を引き受け、現在、その再建に懸命に取り組んでいます。

本書のタイトルである「ど真剣に生きる」とは、このような歩みを続けてきた私が信条としているものです。私は今日まで、一日一日、一瞬一瞬を大切に、何事にも「ど」がつくほど真剣に取り組んでまいりました。七十八歳を迎えたいまでも、どんなことにも真摯に向き合い、真剣に取り組む生き方は変わっていないつもりです。そして自らの人生を通じて、そのような生き方が、実りの多い充実した人生をもたらすことを確信しています。

本書は、このような私の半生や人生観を描いた、NHK教育テレビ「知るを楽しむ　人生の歩き方～稲盛和夫　ど真剣に生きる」（二〇〇六年六月放送）のテキストをベースとしています。同番組は放送後、大きな反響があり、NHK出版から「閉塞感が漂うこの時代に、人生の指針となる書籍として出版したい」とのお話をいただき、このたび、上梓させていただくことになった次第です。

先行きが見えにくい現代社会において、本書が読者の方々にとりまして、人生の歩み方を改めて考えるきっかけになり、皆様の人生がさらにすばらしいものになることを心より願っています。

稲盛和夫

二〇一〇年八月

どっ真剣に生きる◉目次

第2章 挫折だらけの青春

第3章 会社は誰のものか

第4章 何のために生きるのか

第1章

リーダーの条件

日本経済を支える中小企業のために

日本の企業のおよそ九十九パーセントが中小企業であり、また労働人口の大半は中小企業に勤める人たちです。このことを考えれば、本来、中小企業こそ日本経済を背負って立つ存在であるべきでしょう。それにもかかわらず、現在は経済社会に堅固な秩序みたいなものができ上がり、多くの中小企業はそのなかに組み込まれて青息吐息。活力を失っています。

振り返れば六十年前、軍国主義をとる日本は第二次世界大戦によって壊滅的打撃を受けました。しかし、その焼け跡から不死鳥のごとく多くの中小企業が生まれました。彼らは経済による立国を夢見て自由闊達に事業を展開。競い合い、切磋琢磨するなかで、日本経済は活性化されていきました。戦後の日本経済の高度成長を支えたのは、そのような活動意欲旺盛な中小企業であり、そこから世界に通用する大企業も育ったのです。

京セラもそんな企業の一つです。

日本はいまも官僚主導の国であり、ビジネスは多くの規制に阻まれ、さらにはいまだ系列取引が幅をきかせているなど、中小企業の活躍できる余地は少ないように見えます。しかしこのような現実に直面しながらも、企業家精神に富む中小企業があふれ出てくるようでなければ、日本経済は活力を取り戻すことはできません。日本再生にあたり、いまも中小企業にその力が求められているのです。

ですから、二十年ほど前、京都の若き中小企業の経営者たちから、経営のあり方を教えてほしいとの要請を受けたとき、私は心を動かされました。当時の私は多忙を極めており、とてもお引き受けする余裕はありませんでしたが、それでも、「日本経済を支える中小企業の活性化に少しでもお役に立ちたい」と強く思い、「経営とは何なのか」「経営者はどうあるべきか」などについて、私の考えを教え伝える経営塾をスタートさせたのです。

最初は二十〜三十人の小さな集まり。飲み食いしながら、経営をめぐるさまざまな話をするスタイルでした。それが回を重ねるにつれて、我も我もと人の輪と地域がどんど

「盛和塾」の塾生に囲まれて

ん広がり、その後、「盛和塾《せいわ》」という名称となって、いまでは海外を含めて五十七塾・塾生約四千名[*1]の大所帯となっています。

私は年間二十回ほど、手弁当で方々の塾へ出かけ、塾生たちと真剣な対話を続けています。現在は盛和塾に多くのエネルギーを使っていますが、それだけの値打ちがあると考えています。

この盛和塾に入塾された方に、私は最初に、こんなことを申し上げています。

「本当にいい経営をしたいのなら、従業員の人たちを少しでも幸せにしてあげたい、社会に貢献したいといった、公明正大な大義名分を持つことが大事です。自分がお金儲けをしたいとか、親から受け継いだ家業をさらに大きくしたい、といった自分本位の気持ちだけでは、従業員は喜んで働いてくれないでしょう。自ら起業したにせよ、親から経営をバトンタッチされたにせよ、企業経営者になられた以上は、それを社会的な意義のある仕事だと受け止め、経営者自らが率先垂範、一生懸命まじめに立派な経営に努めなければいけません。そのように心を高めることが経営を伸ばすことにもつながるのです。まず心を磨き、立派な人間性を身につけてください」――。

＊1　塾数：六十一塾　塾生数：約六千人（二〇一〇年七月現在）

経営の心をたたき込む

私は盛和塾では、塾生に厳しく接しています。仏教に「大善」「小善」という言葉があります。子どもを溺愛して甘やかせて育てることを「小善」といい、そんな子はろくな大人になれず、とんでもない人生を送ってしまいます。他方、周囲からは非情と思われるほど厳しく躾《しつけ》をすることは「大善」、ゆくゆくは優れた人物に育ちます。私が心がけているのは「大善」。塾生に対する私の気持ちは、非情に見えるが実は優しい、そんな親心です。

ところで、盛和塾には二代目、三代目の経営者が多くおられます。典型的なのは、大学を出て大企業に勤め、三十歳を過ぎたころに家業を継いだ、というパターンでしょうか。

どのみち継ぐのなら、すぐお父さんの会社に入り、丁稚奉公から始めるのが理想ですが、そうもいかないのが世の常。息子は不遜にも父親の会社を見下し、ちっぽけな中小企業を継ぎたくないと思うのかもしれません。父親もそれを察して、「しばらくよその飯を食って、経験を積むのもいい。いずれ帰ってきてくればいい」と割り切って送り出すようです。

問題は、帰ってくるといきなり、息子が跡取りとして専務や常務に据えられてしまうことです。大企業ではヒラか、せいぜい主任くらいのポジションだったのに、十人、二十人の社員から「専務」「常務」と崇められれば、それだけで本人はなかなか気分がいいものでしょう。仕事も、いままでお父さんと一緒に会社を盛り上げてきた番頭さんや幹部の人たちがいるから、自分は何もしなくてもうまく回ります。

また、地域でも注目され、経営者団体からお呼びがかかります、会合などで一家言あるところを見せると、たちまち地域の有名人です。これもまた、なかなかいい気分でしょう。

こうして跡取り息子は会社の仕事そっちのけで、外を飛び回るのに大忙し。そのために、「経営者はどんなふうに社員をまとめていくのか」「社員のやる気を起こすにはどうすればいいのか」「そもそも会社とは何なのか」といったことを突き詰めて考えることなく日々を過ごしてしまうのです。

そんな、いわゆる甘ったれの〝新入り〟が盛和塾にやってくると、私はまず、ガツンと一発お見舞いさせていただいています。

「あなたの下におられる社員は、番頭さんや幹部の人も含めて皆、末端の仕事から一つずつ仕事を覚えてきたはずです。あなたは何もわかっていないでしょう？　肩書きに胡坐《あぐら》をかかずに、先輩たちをつかまえて、『一番下っ端の仕事からやらせてください。皆さんに教えていただき、仕事を基本から覚えさせていただきます。そうしなければ、現場がわからず、皆さんに的確な指示もできない、ボンクラ経営者になってしまいます』と頭を下げなさい。あなたはいま、みんなからチヤホヤされて、高い給料ももらえて、経営は大変ラクチンないい商売だと思っているでしょうが、経営はそんなに甘くはありません。自分の会社を、社員が誇りに思い、そこで働く喜びを感じるような、本当に立派な会社にしようと思うなら、仕事に心血を注ぎなさい。自分を犠牲にして、ひたすら会社と社員のために尽くす、そういう奉仕の精神がなければ経営者は務まりません」

言われたほうは驚くようですが、自分の胸に手を当ててみると、「たしかに自分は甘かった」と気づくようです。それが、立派な経営者へと育つ出発点となるのです。

それは人として正しいか?

残念ながら日本には、経営を学ぶ場がほとんどありません。大半の経営者が何も教えられないまま、手探りで経営をしているのが現状でしょう。若い二代目、三代目の経営者が経営を知らなくても、当然といえば当然です。

顧みれば私自身、京セラを創業した当時、経営のことは何もわかりませんでした。技術屋なので、研究をして物を作ること、技術的な説明をして売ることはできたものの、どう経営すればいいか、いかに人を治めていけばいいか、その〝いろは〟も知りません。会社の根幹となる会計のことだって、何が何やらチンプンカンプンでした。

それでも経営者として、社員のさまざまな相談に対して正しい判断をし、明確に指示を出さなければなりません。経営判断を誤れば、会社は倒産し、従業員やその家族を路頭に迷わせてしまうことになりかねないからです。暗中模索のなか、私はこう考えました。

「幼いころは両親や先生からよく叱られた。嘘をついてはいけない、人に迷惑をかけてはいけない、正直であれ、欲張ってはならない、自分のことばかり考えてはならない……これら教えてもらったことを、経営の指針に据え、判断基準にしよう。つまり、人間として正しいことを貫くということを判断の基準に会社経営をしよう」と。

スタートして間もない時期の盛和塾

そして、次々と発生する数多くの経営課題にぶつかるたびに、私はその課題に「人間として正しいことを貫く」という判断のものさしを当て、正しい答えを求め続けてきました。同時に、事あるごとに自問自答を繰り返し、経営のあるべき姿を求めてきました。

その過程でわかったのは、私心や雑念に囚《とら》われていては問題の本質が見えない、逆に言うと、心を高め純粋な精神状態になっていれば、決して誤りがないということでした。結果的に、「儲かるか、儲からないか」というような私利私欲に基づいた判断基準ではなく、「人間として正しいことを貫く」といった普遍的な判断基準を持ったことで、会社はうまくいったように思います。

私が「人間として正しいことか」と自問自答をしながら作り上げてきた、この実践経営哲学を盛和塾で教えることは、経営のあり方を学ぶチャンスに恵まれない現状にあって、本当に大切なことだと自負しています。

京セラがまだ中小企業だったころ、若く未熟な私が悩み苦しんでいた問題に、同じように塾生たちもぶつかり、解が見つからずに困り果てています。そんな塾生の「問い」に、私は一生懸命答えています。質問するほうも必死なら、私も必死。実に緊張感ある熱い時間が、盛和塾には流れているのです。

汚れ仕事に「誇り」を見出す

私は社会人になって間もないころ、高校卒の若い優秀な助手たちと一緒に朝から晩まで、粉末を固めて形にする仕事をしていました。セラミックスの開発と製造というと聞こえはいいけれど、毎日が粉との格闘。全身、粉まみれ、泥まみれ、汗まみれの肉体労働です。大学を出てまさか粉と格闘するとは……正直、少しばかり落胆したものです。

　しかし、そんな気持ちは吹っ切りました。汚れ仕事を嫌っていては何もできないし、自分がそんなふうでは助手たちのやる気も削がれます。それに、よくよく考えれば、粉体を形にしていくことは、粉体工学または粉体力学という学問の一分野であり、意義のある仕事です。私は自分自身に言い聞かせるためにも、助手たちを夜ごと集めては、

「どこの大学教授が粉まみれになって、研究をしているだろう。我々はいま、東大でも京大でもできないような高度な研究をしている。実践なくして、セラミックスの本質はわからない。このような地道な研究こそが真の学問であり、すばらしい製品を世に送り出すためにも不可欠なのだ」

　と説き続けました。その誇りを糧に、みんなで一丸となって研究開発に取り組んだのです。〝汚れ仕事〟のつらさなど、吹き飛んでしまいました。

　そんな私なので、たとえば盛和塾でビルや橋梁などの塗装を業とするペンキ屋さんから、「世間で3K[*1]職種と呼ばれる風潮のなか、どうすれば社員に仕事の誇りを持たせる

ことができるか、悩んでいます」と聞いたとき、その気持ちがよくわかりました。

ただ、彼が「家業だからしかたなく継いだ事業ですが、多額の借金を抱えてもう後戻りもできないのです」と言ったとき、ガックリ肩が落ちました。経営者がそれでは、いくら従業員に「仕事に誇りを持て」と言っても、理解してもらえるわけがありません。

私なら、ペンキ屋稼業の壮大な夢を描きます。いままで錆だらけだった橋梁や、汚れていた建物も、ペンキを塗り直せば美しくよみがえるではありませんか。どんどん仕事をとってきて、街の美化に貢献しよう、さらには塗装をすることで錆を防ぎ、金属製品の長寿命化にも貢献する、私ならそう考えます。

現実問題、暑さ厳しい夏の日も、寒さ厳しい冬の日も、外で仕事をするのはきついでしょう。体や服もペンキで汚れるなど、苦労も多いと思います。けれども、「自分は都市空間の環境を整備するというすばらしい役割を担っている」と思えば、現場のつらさ、苦しさも乗り越えられます。「誇り」を持って、仕事に取り組めるのです。

人は目先のつらさに囚われると、「誇り」を見失ってしまいます。そして、さらに「つらい、つらい」と思い詰め、ついには自分の仕事を「汚い、恥ずかしい」と断じて、投げ出してしまうことになります。従業員をそんな悪循環に陥らせないようにすることもまた、経営者の責任なのです。

どんな汚れ仕事にも必ず高邁《こうまい》な意義があり、さらには限りない夢が広がっています。経営者がそれを描き出すことで、従業員は「自分たちはその意義に共鳴し、その夢を現実のものとするために、〝汚れ仕事〟を一手に引き受けているんだ」と気づき、経営者を信頼して懸命に働いてくれることでしょう。「私はペンキ屋が好きだから、社長と一緒にがんばる」と言ってくれるに違いありません。従業員が仕事に「誇り」を持てるかどうか、それはまさに、経営者の「思い」一つにかかっているのです。

＊1　3K　「きつい」「汚い」「危険」の頭文字をとって3Kといい、勤務・労働条件が厳しい職業のことをさす。

酒を酌み交わせば「思い」は伝わる

　では、経営者が自分の仕事に誇りを持ち、さらには仕事や会社に対する熱い「思い」を従業員に伝え、浸透させていくにはどうすればいいのでしょうか。言葉で言うのは簡単ですが、これはなかなかの難題です。どれほど切々と訴えても、共感、共鳴してくれるのはせいぜい、五人に一人くらいのものでしょう。悲しいかな、それが現実です。

　私も会社を作っていただき、経営者となって以来、これまで飽くことなく、必死に自分の「思い」を伝える努力をしてきました。「宣教師のように説き続けること、それが私の仕事だ」と自分に言い聞かせながら、ときに萎《な》えそうになる情熱を掻き立ててきました。

　その経験からいえるのは、朝礼や会議の場で話をしても、浸透するように見えて意外と伝わらない、ということです。それよりずっと効果的な方法は、何だと思いますか？

　実は「酒盛り」なのです。

京セラのコンパでの交流風景（1985年）

私はこの酒盛りを「コンパ」と称して、機会を見ては従業員と膝を突き合わせ、酒を酌み交わしながら、自分の「思い」を伝えてきました。そういう場であれば、「会社をこのようにしたいのだ」という夢を熱く語ることもできるし、さらには「昨日、君を叱ったのは、信頼して任せた仕事の社会的意義を君がちっともわかっていないと思ったからなんだ。どう考えているんだい？」などと、叱責のフォローもできます。

もちろん、私の「思い」を伝えるだけではなく、仕事の悩みからプライベートな人生相談まで、従業員の話にも一生懸命耳を傾け、親身になって相談に乗ります。お酒が入ると心が開放され、舌も滑らかになり、本当に腹を割った話ができることを実感しています。

このコンパは、京セラでは海外を含めて全社的に広がっています。本社をはじめ工場や従業員寮には必ず、何十畳という広い和室を設け、そこを舞台に大いに飲んで語ってもらっています。アメリカでもヨーロッパでも、コンパは京セラの「和」を象徴するキーワード。「コンパをしよう」の一言でみんなが集まり、部門や役職を越えて忌憚のない意見を交わし、熱い議論を戦わせています。

私は「集団の強さは、互いを信じ合う心と心のつながりにこそある」と信じていますので、会社が大きくなり、従業員が増えても、このコンパという場は大切にすべきだと考えてきました。

半ば伝説のように伝えられている話ですが、かつて私は風邪をひいて高熱があった日も、点滴を打って出かけていき、忘年会をはしごしたことがありました。私には義務感などこれっぽっちもありませんでした。従業員と話をしたい、ただその一念だけ。それほどに私にとってコンパは大切です。

盛和塾でももちろん、講話や経営問答を行う例会のあとは、塾生と酒を酌み交わしています。塾生同士が心を通わせる盛和塾が、日本経済を底上げするだけの力を持った最強の中小企業経営者集団になってほしい。そんな願いを抱きつつ、経営をめぐる諸問題を肴に、語り合っているのです。

「能力」を動かすのは「人間性」

言うまでもなく、企業にとって人は財産です。採用や人事は経営者の最も重要な仕事の一つでもあります。ただ、これほど難しい問題はないのも事実。盛和塾でも人材に関する質問が、数多く寄せられています。

なかでも経営者が最も頭を悩ませるのは、「能力か人間性か」という問題でしょう。たとえば、「競争社会で生きる企業は、仕事のできる人たちの集団であるべきです。それなのに、仕事のデキの悪い人、働きの悪い人まで面倒を見なければならないのでしょうか」といった質問を受けることがあります。私は常々、「人に尽くす利他の心を持ちなさい」と説いているので、経営に真剣に取り組む塾生たちは、「デキが悪いからという理由で切るのは忍びない。どんな社員も面倒を見るのが利他の心ではないか。しかし、それでは厳しい企業間競争に後れをとる。企業が生き残るためには、ムダのない筋肉質の企業体でなければならず、働きの悪い社員を雇用し続けることはできない」

と二律背反の思いに悩むのでしょう。これに関して私は、「能力か人間性か、どちらか一つ」と言われれば、迷わず、「人間性が重要だ」と答えます。

たとえば、会計学をよく勉強した能力のある人が、人間的に邪《よこしま》な、利己的で欲にさとい人だとしたらどうでしょう？　優秀であるがゆえに、どうかしたはずみに巧妙に経理操作をして不正を働くことは、大いにありうる話です。

能力というのはそれを動かす人間性によって、いい方向へも悪い方向へも発揮されてしまうもの。だからこそ、能力よりも人間性のほうが大切なのです。

もっとも、かく言う私も京セラがまだ中小企業のころは、優秀な人材がたくさん集まっている企業を見てはため息をついていたものです。「あの会社に比べると、ウチは鈍い人ばかり。これでは会社が大きくなるはずがない」と嘆きすらしました。

そして、才気煥発で能力のある人が入ると、過大な期待をして、どんどん仕事をさせました。その間、ちょっと鈍な人はいささか、ないがしろにした覚えもあります。しかし、その期待が裏切られたことが何度あったか……。

人間性に問題があったからなのでしょうが、能力のある人は優秀さを鼻にかけてテングになり、ほかの人を見下すような態度が目立ち、会社の雰囲気を悪化させました。また、同業他社からちょっと高い給料で誘いがあると、簡単に乗ってしまう、なんてこともありました。

その点、ちょっと鈍でも人間性がいい人は、鈍ゆえに下積みの仕事でも黙々と懸命に取り組んでくれました。しかし、ある程度の年数が経つと、そのような人がいつの間にか能力を伸ばし、仕事ができる、すばらしい人材に成長していることが多いのです。「努力に勝る天才なし」といわれるように、能力は努力すれば向上していくものだと、私は再認識させられました。

そんな経験から私は、「長い目で見れば、なまじっか優秀な人よりも、少しくらい鈍でも努力をする人のほうがはるかに偉大な仕事をする」ということを実感し、確信しています。

もう一つ大切なことは、仕事や会社をこよなく愛し、身を粉にして働く気持ちを、その人が持っているかどうか、ということです。

いくら能力があっても、優れた人間性の持ち主であっても、その気持ちがなければ会社の活力を奪う者でしかありません。よくよく話をして、どうしてもわかってくれなければ、辞めてもらうことも考えるべきでしょう。冷たい仕打ちのように感じるかもしれませんが、そんなことはない。そっぽを向いている人を引き留めておくことはお互いに不幸です。その人にはその人に合った会社があるはずです。

私は、真に会社のためを思い、役に立とうと一生懸命、誠実に働いてくれる人を誰よりも大切にしていきたいと思っています。そういう人は会社に何が起ころうとも、同業他社からの誘いがあろうとも、「私はこの会社が好きですから」と言ってビクともしません。企業というお城をしっかり支える石垣の隙間を埋め、より強固にするためのキラリと光る小さな頑丈な石になってくれるのです。

辛抱強く長い時間をかけて人間性を磨くと同時に、能力も向上させてきた人こそが、晩年にすばらしい大輪の花を咲かせる——人生とはそんなものだろうと、私は思っています。

塾生の活躍を糧に

これまでお話ししてきたようなことを、私は盛和塾の講話や経営問答のなかで説き続けています。一番嬉しいのは、それを素直に受け入れ、真摯に学ぶ塾生の姿を見、また、その勉強の成果を得て発展を続ける塾生企業の話を聞くことです。

たとえば、サンパウロにあるブラジルの盛和塾に、バナナ農園を経営している方がいます。彼は十三歳のときに両親に連れられて移民し、小学校を出るか出ないかのころから働いています。長じて苦労の末に未開の地を開墾し、現地の人を雇って大きな農場を経営するに至りました。ただ、経営のことがわからず、「従業員の離反が怖くて、叱り

20～30人に向けて経営のアドバイスを行う形で始まった盛和塾（写真下）であったが、いまや年に1度開催される全国大会（写真上）には約3000名もの経営者が詰めかけ講話に耳を傾ける

たくても叱れない」とか、「学問がないために、騙されてとんでもない農薬を買わされた」とか、とても悩んでおられたようです。それで長時間バスに揺られて、作業服のまま盛和塾に見えたのです。

ところが、周囲を見ると、大学を出て、背広を着込んだ紳士然とした人ばかり。圧倒されて気が臆し、「もう二度と来るまい」とまで思ったそうです。それでも、せっかく来たのだからと、少し話を聞き、ポルトガル語に翻訳された私の本を借りて帰ったところ、大きな気づきを得たといいます。彼と直接お話ししたときの話が忘れられません。

「従業員を含めて周囲のみんなを幸せにするために経営をしていると塾長から聞き、道が開けました。私も同じ気持ちです。そのことをベースとするなら、従業員をどんなに厳しく叱っても愛情は伝わる。人を治めるとはそういうことだと学びました。また物を買うときの考え方を含め、経営の要諦を教えていただきました。もし、あのとき盛和塾に行かなかったら、今日の私はありません。ブラジルでナンバーワンの農園にまで成長できたのも、盛和塾のおかげです」

彼のような人はたくさんいます。こういう話を聞くたびに、私は「盛和塾を続けてきてよかった。これからもがんばって続けていこう」と決意を新たにします。と同時に、塾生たちから元気をもらい、世界行脚の疲れも忘れてしまいます。

塾生企業の雇用者数は現在、パートを含め概算で約八十七万人、売上は約二十兆七千億円に達しています。すでに上場している企業が六十八社あるほか、近年、上場または店頭公開を予定している、いわゆる上場予備軍の企業が多数あります。厳しい経済環境下でも、盛和塾の塾生企業はすばらしい実績をあげ続けているのです。今後、これらの企業がさらに、日本の将来を担うすばらしい企業へと発展し、社会の繁栄にさらに貢献することを、私は心から願っています。

いまはどの会合よりも盛和塾に出ることが楽しい。私はこれからも、盛和塾を通して日本経済を支える中小企業の活性化のために力を尽くしたいと思っています。

インタビュー採録①

二〇〇六年六月に放送された「NHK知るを楽しむ　人生の歩き方～稲盛和夫　ど真剣に生きる」では、四回にわたってインタビューが行われました。本文に収載しきれなかったお話を、各章末に採録します。聞き手は藤井彩子アナウンサーです。

盛和塾への思い

――盛和塾に、稲盛さんご自身は年間どのくらいかかわっていらっしゃるんですか。

稲盛　年間二十回ほどです。海外にも行くことがあり、今年もブラジルと中国に行くことになっています。海外のときは、一回につき一週間くらい滞在しますね。夏には、塾生の皆さんと一緒に涼しい東北、北海道のほうを四、五日かけて旅行しながら、各地域で勉強会を開催しています。

――どういうお話をされているんですか。

稲盛　よく「従業員を幸福にしてあげるために、まじめに一生懸命働き、立派な経営をしてくださいよ」と言っています。

また「会社を立派にしよう、利益を上げようと思うなら、お客様、取引先、株主など、会社を取り巻くすべての人が喜んでくれることをしなければいけません」ということも申し上げています。

他の人を助けてあげるというのは、仏教では「利他」といいますけど、経営にはその利他の心がなければなりません。経営の至上命題である利益追求の正反対側にある「利他の心」がベースになければ、経営は決してうまくいかんのです。

〝ガリガリ亡者〟といいますか、自分の利益だけを追求するタイプの経営者も、なかにはいらっしゃいます。そういう人は一時的に成功するかもしれないけれども、決して長続きするものではありません。だから、私は「自分が成功し、利益を得ていきたいと思うなら、人様のために尽くそうという美しい心がなければだめですよ」と言っています。塾生にはこのような考え方に共感され、

盛和塾の例会後は塾生と酒を酌み交わし、心を通わせる

経営から人生まで、講話の内容は多岐にわたる

まじめに考えている方々が多く、純粋な人が多いんですね。

最近ですと勉強会に千人規模で集まったりすることもありますが、雰囲気が普通の会合とはまったく違っていますね。盛和塾の会場は、そういうきれいな心の方々がかもしだすいい雰囲気に満ちています。ですから、どこの会合に出るよりも盛和塾に出るのが、私は楽しくてしょうがないんです。

――盛和塾の例会のときの写真を拝見しましたが、正直申し上げて、とっても楽しそうにしていらっしゃいます。表情が生き生きとされていますね。

稲盛　盛和塾では、本当に楽しくいい気持ちになります。

盛和塾以外でも、講演などをよく頼まれるのですが、基本的に断っています。物理的に時間がとれないというのもありますが、行ってみると、本当に聞きたいと思って来られた方ではなくて、義理で集まっておられる方もいるわけです。そうすると、雰囲気が盛和塾とはまったく違ってくるのです。

盛和塾の方々は、私の話を本当に聞きたいと思って来てくださる。それに、もともと心の波動が合う人たちばかり集まるものですから、話すほうも真剣なら、受ける側も真剣。私は塾生たちを「ソウルメイト」と呼んでいます。魂の仲間、ですね。つまり、同じような心根を持った人たち、同じような魂を持った人たちが、お互いに求め合いひかれ合って集まる会、それが盛和塾なんですね。

ですから、いまおっしゃったように、盛和塾の写真に写っている私は楽しそうに見えるのかもしれませんね。盛和塾の人たちにもよく言われます。「塾長、なかなか楽しそうないい顔をしていますよ」と。

――聞いたところによりますと、京セラの社員の方から、「私たちと話しているよりも盛和塾の方と話しているほうが、会長はずっと楽しそうだ」という声が出ているとか。

稲盛　そう社員からは言われますね。会社ではきつい顔をして叱ったりすることも、ときにあるからかもしれません。でも社員には、「それは違うんだよ。盛和塾は真剣な学びの場なんだ」と言って、こんなふうに話しています。

「五人でも十人でも、社員を抱えて経営をしていらっしゃる中小零細企業の方は、本当に真剣勝負のなかで生きておられる。一つ間違うと、会社がつぶれるかもしれない。そうなると、自分の家族はもちろんのこと、社員の家族も路頭に迷わせてしまう。その分、彼らはすさまじいぐらい熱心に真剣に、私の話を聞いてくださる。そういう真剣な方々に対しては、答える私も何とかしてあげたいと思うから、自然と真剣になるんだ」

京セラの社員の場合、会社が大きくなっただけに、ちょっとくらい失敗しても会社がつぶれるわけではありませんからね。そういう点で、盛和塾の塾生たちは真剣さが違うんです。

――ただ、始められた当初は、自分の会社と基本的には関係のない経営者の方をそういった形で支援するということを、疑問と言いますか、不思議がる声もあったんじゃないですか。

稲盛　いや、そういう声は聞いておりません。もともと盛和塾の活動は、京セラの経営の第一線から退き、第二電電（現・ＫＤＤＩ）という新しく作った通信会社も順調にいきはじめ、私自身少し余裕ができたころから本格的に始めましたからね。

また何より京セラのなかでも私は、「世のため人のために尽くしなさい。会社を立派にしていこうと思えば利他の心がないといけないよ」といったことをずっと言っていました。私が盛和塾を通して人助けをしていることについては、私の経営思想、経営哲学と矛盾しないものですから、会社の人たちも皆逆に喜んでくれているのではないかと思っています。

――一言で言うのは難しいかもしれないのですが、盛和塾に来られている方々に、これを一番感じ取ってほしいということは何でしょうか。

稲盛　会社経営をする方は、少なくとも何人か従業員を抱えていますから、責任が非常に重いのだということをまず自覚しなければいかんということ、それが一番だと思います。

たまたま自分の才覚で会社を作った人も、また親の作った会社を引き継いだ方も、多くの方が会社経営を軽く見ています。「私は社長です」「私は専務です」と言うだけで、何もしなくても何とか会社がうまく回っているので、大きな責任感みたいなものはべつに感じないでやっていらっしゃるのです。

経済団体の会合などで、しゃらしゃらと遊んでいらっしゃる人がいれば、あなたは会社の社長として、リーダーとして、その責任の重さを本当に感じていらっしゃいますか、ということを一番言いますね。

――雰囲気は楽しいけれども、そのなかから経営の厳しさを感じ取ってほしいということですか。

稲盛　お酒を飲んだあとで質疑応答の場面があったりするのですけれど、ときには「それはあなたがおかしい」と、自分の弟や子どもなどにも言わないぐらい厳しく注意しますね。事業継承のあり方といったような、いろいろ深刻な問題を相談されますので、是々非々で大変厳しい応答をします。

しかし、私自身が他人事《ひとごと》でなしに自分のこととして、ど真剣に考え、応答するものですから、質問された塾生の方もよくわかってくれているようです。後日、「あのときに相談した件ですが、その後、ご助言の通りにやりまして、非常にうまくいき、従業員にも喜んでもらっています」などといった報告のお手紙をいただきますと、本当によかったなと思います。

理念は愚直に守るもの

――経営者以下従業員が共通の理念を有していることが重要であるというお話をうかがいました。それは、買収するか、されるかというような厳しい企業間の競争のなかにあっても、大きな意味を持って働いてくるものなのでしょうか。

稲盛　競争が厳しいことと理念との間には、あまり関係はないと思うのですけれど。

――つまり、気高い理念を持って企業の経営にあたる、従業員が働くということは重要だと思うのですけれども、もっとぎりぎりのところで、買収されるかというような事態になったときに、たとえば理念に反してもよいと思われる方法があった場合、そっちに飛びつくということもあるのではないかと、素人ながら思ったのですが。

稲盛　いや、その意味はわかりますが、理念に反することをしてはいかんのです。それでは理念を守っているということにはなりませんから。

――といいますと？

稲盛　理念というものは、「私はこういう経営をしていきたい」「会社経営はこうあるべきだ」と考え、行動するもとになるものです。それを守って実践してこそ理念なわけです。経営者の人生観と言ってもいいでしょう。

それを競争が激しいからといって、「守っていてはやっていけない」と理念を曲げたとしたら、それは理念ではありません。

――曲げざるをえない場面もあるのではないですか。会社経営というのは非常に厳しいというお話があったと思うのですが。

稲盛　曲げてはだめです。

――決して曲げずにやっていこうと。

稲盛　それはそうです。簡単に曲げるようでは単なるご都合主義で、理念というものとは違うんです。

――たとえば、明日会社が倒産するかもしれないという場面に遭遇した場合に、「利他の心を持って、人のためになることをする」という理念にはちょっと反することに手を出してしまうようなこともあるのではないかと思うんです。目の前の三〇〇万円とか一〇〇〇万円のおカネのためにこれをすれば、相手の従業員の方が悲しむかもしれない、人のためになってないかもしれない、でも、あえてやらなければいけないときというのがもしかしたら……。

稲盛 どんな事情があろうと、してはならんのです。

――してはならんのですか。

稲盛 はい。理念を曲げるくらいなら、従業員ごと会社がつぶれなければいけませんね。

――といいますと?

稲盛 会社が理念を曲げてまで生き延びても、意味がないんです。

――そこまで割り切れる方はなかなか少ないのではないかと思いますが。

稲盛 たしかに、少ないですね。そこまでいく前に、「これでぎりぎりだ。このくらいはいいだろう」と理念を曲げてしまうんです。

理念という基準がありながら、それほど切羽詰まってもいないときに、「少しこっちにずれてもいいだろう」とやってしまう。自分では悪いことをしている意識はないのだと思います。だから、「少し理念から逸脱するけれども、このくらいなら許されるだろう」とやるわけです。

そんなことが日常的になると、基準がどんどんずれていきます。一度理念をずらすと、今度はそこが基準になって、また少しくらいならずれてもいいだろうとなる。そうして、どんどん最初の理念から離れていくのですが、本人は理念を守っていると思っているんですね。

しかし、そのように「このくらいなら」と理念の基準をずらしていくことが、いわゆる粉飾決算を生んでしまうことにもなるのです。たとえば、「今期、赤字で利益を出せなかったら、銀行はおカネを貸さないと言っている。そうなると、手形が不渡りになって、会社がつぶれてしまう。そうすれば、従業員を路頭に迷わすことになってしまう。それはしのびない。何としてもここは、赤字を計上するわけにはいかない。銀行に嘘の決算書を見せて、うちは利益が出ていると言っておカネを借りるしかない。一回ぐらいの不正は許してもらえるだろう」と考え、理念からはずれたことをやってしまうわけですね。

こんなふうに一度理念を破ってしまうと、その次も、またその次も、同じようなことになっていくんです。

――では、一度たりとも、わずかであっても理念を曲げてはいけないと。

稲盛　いけないと思って、私は経営をしてきました。うちの会社の幹部の人たちにも、私は徹底してこう言い続けています。

「ご都合主義で勝手に理念の解釈を変えて、それがそんなに悪いことではないと思っている人もいるかもしれない。でも、そうやって理念からずれた基準を示せば、部下の人はそれが正しいと思ってしまう。このくらいのずれはいいだろう、という風潮になっていってしまう。不祥事が起こるのも、その不祥事を引き起こした人がもともと悪い人だったわけではなく、このくらいなら、このくらいならと少しずつずれていった結果なんだ。正直にやったのでは会社がつぶれるかもしれないから、やむにやまれずという気持ちから、みんな悪いことに手を染めていくんだ」

アメリカのエンロンというエネルギー会社や、ワールドコムという通信会社などの倒産にしても、経営者が自己の利殖に走ったということもあるだろうけれど、結局は、あるまじき操作をしてでも会社を立派に見せて、株価を上げていかなければならんと考えてしまったことが原因でしょう。そして「このくらいならいいだろう」ということを少しずつ積み重ねていったことが、大変な不祥事に発展し、世界中に衝撃を与えたわけです。

ですから、理念というのは愚直に守っていかなくてはならないんです。

これは経営者だけではなく、人間みんなに当てはまると思いますね。生きていくうえで、愚直なまでに「いいことはいい、悪いことは悪い」ということを守っていかなければならない。都合が悪いからといって、その基準を変えたのでは、人生を踏み誤ると思うのです。

愚直に生きていくというのは、何も頑《かたく》なな生き方をしなさいというのではないんです。まじめな生き方をしなさい、ということなのです。まじめな生き方をしていく人は、一度つぶれても必ずよみがえってきます。「自然」はそういうすばらしい人を放ってはおきません。必ず助けてくれます。

盛和塾の人たちにもよく言うのですけれど、まじめに正直に生きれば、そういう人を「自然」は絶対に放ってはおかない。もしあなたが幸せな人生を生きたいと思うなら、まずあなたの心のなかにすばらしい思いを満たし、まじめに生きてくことが必要なんです。

――理念に縛られているのではありませんか、と聞かれたことはないですか。

稲盛　いや、ありませんね。

――堅苦しいという思いはないですか。

稲盛　それもありません。堅苦しいと感じるようでは、それは理念ではないんですね。こうありたいということを知識として持っている人はたくさんおられるんです。過去に世界の賢人たちが残した立派な教えを通して、人間としてのあるべき姿を知識として持っている。しかし、理念として、自らの信念として、実行していらっしゃる方は非常に少ない。
そういう人が自分の知識を理念とおっしゃっているなら、ご都合主義で理念を変えていくのは何でもないことでしょうね。でも私みたいに、こうあらねばならんと思い込んでいる人間は、理念を変えることなどできません。自分に都合のいいように変えたのでは、それは理念にならんと信じています。

――変えたその時点で、理念ではなくなるんですね。

稲盛 そう、理念ではなくなるんです。

第2章

挫折だらけの青春

何をやってもうまくいかない

私には「幸運」のようなものは降ってこない、くじ引きすら当たらない――これは私の確信といっていいでしょう。幼いころから今日までずっと、自分は運に恵まれない人間であると、妙な自信を持っているのです。

しかし、青少年時代からのそんな思い込みは半面、「だから努力せよ」と教えてくれたようにも思います。いたずらに僥倖《ぎょうこう》に期待せず、ただひたすら努力を重ね、少しでも幸運に近づいていこうとがんばる、それが私の習い性になったのです。

実際、私の青春時代は挫折に次ぐ挫折。「何をやっても、うまくいかない」日々でした。

一九三二（昭和七）年、七人兄弟の次男坊に生まれた私は、幼いころは泣き虫で内弁慶の甘ったれ。小学校一年生のときの成績は、甲乙丙のオール「甲」と、少しは利発な一面も発揮したようですが、よかったのはそこまで。私の家庭は勉強するような環境でもなく、両親もついぞ「勉強せい」と叱ることがなかったのをいいことに、私は悪童どもと連れだっては戦争ごっこに明け暮れていました。泣き虫を返上したついでに、勉強からも遠ざかってしまったのです。

また、鹿児島特有の郷中《ごじゅう》教育*1を受け、薩摩藩に伝わる示現流《じげんりゅう》剣法の稽古をするなどして心身を鍛えたおかげもあって、いつしか私はガキ大将になっていました。

最初の挫折は、終戦前年の一九四四年春、中学受験を迎えたときです。ガキ大将の意地もあって、「俺は鹿児島一の名門、鹿児島第一中等学校を受験する！」と宣言しました。ところが、成績はほとんど「乙」だし、何かと反抗しては鉄拳制裁を受けていた私なので、先生から「お前みたいな奴は絶対、一中に行けんぞ」と申し渡されていました。

案の定、私は受験に失敗。やむなく国民学校高等部へ進みました。昨日まで子分だった連中や、天敵のぼんぼんたちが一中の制服姿で颯爽《さっそう》と歩くのを横目に、とても惨めな気持ちになったのを覚えています。

そんなふうに弱気になると、病気まで押しかけてくるのでしょうか。その年の暮れに、満州（中国東北部）から一時帰国した叔父からシラミをもらったらしく、発熱で寝込んでしまいました。病院へ行ったところ、結核の初期症状である肺浸潤《はいしんじゅん》と診断されました。先に叔父夫婦が結核で死去し、さらにもう一人の叔父も喀血し離れで療養するというように、稲盛家はどういうわけか、当時不治の病とされていた結核によくよく縁のある家系だったのです。

「自分も痩せ細って死んでいくのだろうか」

さすがのガキ大将も意気消沈し、救いを求めて、ある宗教の本を貪るように読みました。その本で教えられたのは、「災難は、自分の心が引き寄せたものである」ということ。私の場合、離れで伏せっていた叔父を避けるなど、災いから逃げようとした、その心がかえって結核を招いたのでしょう。猛然と反省しました。

この本はいろいろな意味で、私に心のありようを考えるきっかけを与えてくれ、その後の人生にとてもいい影響を与えてくれたと思います。

さて、その後微熱が続く状態で挑戦した二度目の受験にもやはり失敗。私も家族も「もう就職するしかない」と進学をあきらめようとした、そのときでした。担任の先生が空襲警報の鳴り響くなかを我が家へやってきて、「男ならあきらめるな。まだ道はある」と、

高校３年生のとき、桜島をバックにクラスの仲間と。2列目右から3人目が筆者（白い帽子）

私立鹿児島中学校の受験を強く勧めてくれたのです。その熱意に押し切られる形で私は同校の試験を受け、進学を果たしました。

戦火が広がる終戦間際、焼夷弾から逃げ回るうちに、結核は退散したらしい。必死で生きようとしたことが、逆にいい方向へ作用したのかもしれません。体が復調した私は、中学受験で受けた屈辱をバネに、勉強に身を入れるようになりました。その後、学制改革にともない、四八年に新制高校へ進学。いつの間にか、「俺はできが悪いから、人の二倍努力する」というのが口癖の、勉強熱心な学生へと変貌を遂げました。

＊1　**郷中教育**　薩摩（鹿児島）で長く行われてきた独特の子弟教育法。郷中教育は、学校や教師によるものではなく、子どもたちが地域ごとに集まり、互いに協力し合って学び、鍛錬するというもの。文禄・慶長の役（一五九二〜九三、九七〜九八）の際、留守を預かった新納忠元《にいろただもと》らが、朝鮮に出兵した将兵の子弟を集めて仲間を結成させ、自ら心身の鍛錬を行わせたことが、郷中教育に発展したといわれる。薩摩藩士の子弟たちは年齢により、小稚児《こちご》（六、七〜十歳）、長稚児《おせちご》（十一〜十四、十五歳）、二才《にせ》（元服した十四、十五歳から妻帯するまでの青年）に分けられ、小稚児は長稚児が、長稚児は二才が教育にあたり、二才は互いに研磨し合った。稚児、二才ともに武芸、習字、読書などを日課とし、心身を鍛錬した。

受験失敗、就職失敗

青春時代の挫折は、まだまだ続きました。病気の苦い経験から薬学の研究をしたいと、大阪大学医学部を受験したところ、また不合格。我が家は裕福ではなく浪人する余裕もないので、地元の県立鹿児島大学（のちに国立）に何とか滑り込みました。専攻は、工学部応用化学科です。

大学では、着たきりジャンパーに下駄という出で立ちで図書館に通い詰め、一生懸命勉強しました。いくらか成績もよかったので、就職に際しては先生から「君なら、どの会社でも採用してもらえる」と太鼓判を押されたほど。私もその気になり、楽観していました。

ところが、就職活動を開始した五四年ごろは、朝鮮戦争の特需が一段落して、雇用情勢は厳しくなる一方。求人そのものが少ないし、強力なコネでもなければ有名会社は望み薄という時代になっていました。やはり、というべきか、東京や大阪のいくつかの会社を訪問し、就職試験を受けたものの、私のようなコネもない新設大学の学生など、どこも相手にしてくれません。不公平な世を拗《す》ね、いっそ任侠の世界にでも入ろうかと思いもしました。

けれども、貧しい我が家には私の就職を心待ちにしている五人の弟妹がいます。それに、私には、任侠の世界に飛び込んでいくような蛮勇もなかったのでしょう。

「世の中の不公平を恨んだところで、人生がうまくいくわけではない」と思い直し、就職活動を続けました。その前向きな気持ちが幸いしたのか、夏ごろにようやく、担任教授の紹介で京都の碍子《がいし》製造会社、松風《しょうふう》工業に内定しました。

ただ、碍子つまり窯業となると、有機化学を専攻した私は門外漢です。あわてて無機化学の教授につき、残る半年の学生時代を、鹿児島の入来《いりき》でとれる良質の粘土に関する研究に費やしました。そうしてまとめた「入来粘土の基礎的研究」と題した卒業論文は、その年に鹿児島大学の教授になった内野正夫先生の目に留まり、高く評価していただきました。

一生懸命がんばっていれば、いいことはあるもの。内野先生とはそれがご縁で、あとあとも何かと相談に乗っていただきました。

さて、京都に旅立つ日は、家族全員が鹿児島駅まで見送りに来てくれました。私は、兄が少ない給料から買ってくれた一張羅の背広を着て、勇躍、京都へと旅立ったのでした。

逃げ場を求めて転職を決意するも……

京都の西、神足《こうたり》駅（現・長岡京駅）近くにあった松風工業で、私は製造部研究課に配属となり、特殊磁器と呼ばれるニューセラミックス、なかでも特に高周波絶縁性の高い弱電用磁器の開発にあたることになりました。テレビ放送が始まったばかりのころで、家電製品向けの絶縁磁器は将来有望な分野でした。

しかし、入社したその日、寮に連れていかれてビックリしました。古ぼけたあばら家で、部屋は一面ワラくずだらけ。畳の面影すらなかったのです。

「こんな会社、早く辞めよう」

その夜、私を含めて五人の新入社員は同期会を開き、早くも辞めることを考えていました。その後も、口をついて出るのは、グチばかり。本業の碍子部門も注文が減る一方で、給料は遅配が当たり前。おまけにオーナー一族は内輪もめをしているし、労働争議も頻発していましたから、とても会社に希望が持てなかったのです。

松風工業の寮の自室で

そのうち、一人辞め、二人辞めして、秋には私と京都大学を出たもう一人の二人きりになってしまいました。それでも「ほかにどこへ行く当てもないから、しようがないな」と慰め合いながら仕事を続けていたのですが、ある日、二人で終業後に軟式テニスを楽しんだ帰り、一枚のビラを見つけました。陸上自衛隊幹部候補生学校の生徒募集の告知です。逃げ場を探していた私たちは、渡りに船とばかりに飛びつきました。

「学費はいらないし、給料もくれる。自衛隊に入って、俺たちもやり直そう」

さっそく願書を出し、伊丹の駐屯所で試験を受け、揃って合格しました。私はもう、行く気満々です。ところが、入学するために必要な戸籍謄本を実家に送ってもらうよう手紙で頼んだのに、待てど暮らせど届きません。結局、期限切れで、友だちだけが「俺は行くよ」と会社を辞めていきました。

あとで、その手紙は兄貴が握りつぶしていたとわかりました。「苦労して大学まで進ませ、やっと先生のお世話で京都の会社に入れてもらったというのに、半年も辛抱しきれんとは情けない」というのが兄の言い分です。その通り。私は自衛隊を逃げ場所にしようとした自分の短慮を恥じました。

自分を研究に追い込み、人生が好転

転職もかなわず、一人だけ残された私にはもう、グチを言い合う相手もいません。逃げる場所もありません。進退窮まってかえって吹っ切れたというか、私は研究に没頭しようと気持ちを百八十度切り替えました。

「汚い寮にいるから、気分も落ち込むんだ。研究室で実験漬けの暮らしをしよう。厳しい環境から逃げずに、逆にそこに自分を追い込もう」

決意も新たに、私は鍋、釜、七輪などの自炊道具を研究室に持ち込んで泊まり込み、朝から深夜まで研究に心血を注いだのです。

するると、不思議なことに、すばらしい実験結果が出るようになったのです。そうなると、仕事がおもしろくなってきます。不平不満をこぼしている暇もなく、努力すること自体が快感になってきます。上司にも褒められます。ますますやる気が出て、さらに努力を重ねます。またいい結果が出ます。

一人残されて心の持ちようを変えた瞬間、私の人生は転機を迎え、自然と「よき循環」が生まれたようです。それは、私の運命が明るく好転し始めた、人生の大きな節目でした。研究に打ち込むことが、私をすべての憂いや悩みから解放し、心を明るくしてくれ、さらには「人生の歯車」まで、順回転させてくれたように思います。

私がもし、いい会社に転職できていたら、不平不満を言いながら、つまらない人生を歩いていたかもしれません。また、恵まれた環境のなかで仕事をしていたなら、何もかもかなぐり捨てて研究に没頭することなどできなかったことでしょう。

私自身、逃げ場所があり、恵まれた環境にあろうとも、誰にも負けない努力を自らに強いることができるほど、強い男ではありません。逆境に置かれたことで、幸いにもセラミックスの研究への情熱に火をつけることができたのです。神様があの苦しい状況を私に与えてくださったのは、いまとなれば、本当にありがたいことだったと感謝しています。

近年、やりたい仕事、好きな仕事が見つからないと悩む若者たちが増えていると聞きます。仕事は最初からおもしろいものではありえないし、好きな仕事に就けることなどそうそうあるものではありません。いま目の前にある仕事を、自分から好きになる努力をしなければ、仕事のおもしろさなど永遠にわからないでしょう。

人生は長丁場です。人は何十年も実社会で生きていかなければなりません。だからこそ、社会に出て就いた仕事に惚れ込むことが大切です。仕事が好きになれば、工夫と努力を続ける力がわいてきます。また、倦《う》まず創意工夫を重ね、たゆまず努力を続けていけば、名人・達人と呼ばれるレベルに到達することも可能となるのです。

経営者としての原点

そのようにして研究に打ち込んでいたことで、私はフォルステライトという新しいセラミック材料の合成に成功しました。これは日本初、世界でも二番目の快挙でした。この成功を聞きつけた松下電子工業がわざわざ会社に訪ねてこられました。

「おたくの稲盛さんという人が開発した材料で、U字ケルシマ（テレビのブラウン管の電子銃に使う絶縁部品）を作ってくれないか」

自分の研究したものが工業化されることは、技術者冥利に尽きるというもの。私はその喜びを糧に、試作品を作り上げ、やがて大量の注文をいただくことができました。そして、自ら設備を設計し、研究室の横に生産ラインを作り上げ、私は量産まで担当することになりました。

余談になりますが、当時の私は会社に寝泊まりして研究に没頭するあまり、食事をしたりしなかったりと、不規則な生活が続いていました。あるとき、ふと私の机の上を見

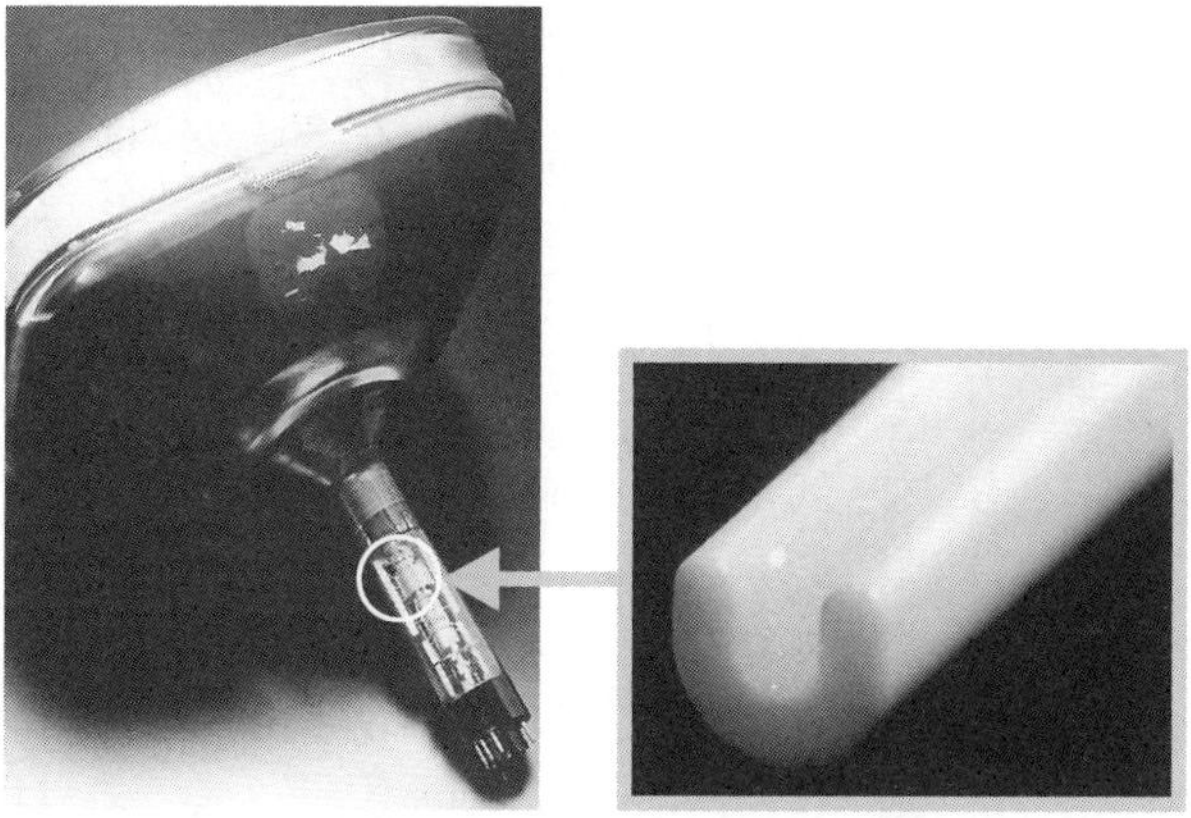

テレビのブラウン管（左）と、その電子銃に絶縁部品として使われたU字ケルシマの拡大写真（右）

ると、弁当が置いてあります。誰かが置き忘れたのかと思いましたが、そうでもなさそう。ありがたく、おいしく、一粒残らずいただきました。すると、次の日も、また次の日も、毎日、弁当が届くのです。

しばらくして、贈り主はのちに妻となる女性だとわかりました。実は私、そうとは知らずに仲間内では、大学を出て研究助手を務めてくれていた彼女のことを「京都のインテリ女性はツンツンして、近寄りがたいな」などと評していました。彼女のほうも「あまりに悲惨な生活ぶりに同情しただけ」のことなのでしょうが、その弁当は本当においしく、また嬉しい心遣いでした。

閑話休題。U字ケルシマの注文は日を追って増え、生産の面倒を見ながら研究もしなければならないので、私の仕事はますます忙しくなりました。ところが、業績が悪く給料の安い会社だけに、私の下で働く若い従業員やおばさん社員は、あまりやる気が出ないようでした。「どうにかしてモチベーションを高めなくては」と思った私は、仕事が終わるとみんなを集めては、「我々の作っている部品に少しでも不良があると、テレビの映像が乱れてしまう。我々は、世の中の役に立つ最先端の仕事をしているのです」と、製品の役割やその可能性について説明し、さらには仕事の意義や人生のあり方まで、学校の先生のように説いて聞かせたものです。

というのも、「ただ単に言われたからやるのではなく、働く人一人一人が仕事の意義を理解し、自らやる気になってくれなければ、成果は上がらない」と、常々考えていたからです。そのような私の思いが通じたのか、入社二年目にして私が率いることになった特磁課は、社内でも特異な集団を形成していました。

その団結力が顕著に表れたのは、労働組合が大規模なストライキに入る構えを見せたときです。そのままストに突入すれば、特磁課の生産も止まり、大切な顧客の信用を失ってしまう。私は、スト破りをしてでも生産を続ける腹を決め、ストの前日、みんなに「工場に籠城してくれ」と頼みました。全員一致でスト不参加を決めてくれたのも、日ごろから飽きもせずに仕事の意義や人間の生き方を説いてきたことが幸いしたのかもしれません。

スト当日は、私の手持ちのおカネをすべてはたいて、缶詰など非常食を買い込み、みんなで会社に泊まり込みました。問題は、組合員が玄関でピケを張るなか、製品をどうやって出荷するかということです。のちに妻となる女性が大事な役回りを演じてくれました。彼女は泊まり込まずに、毎朝、工場の裏手で待機。そこへ私が塀によじ登って梱包した製品を放り投げ、受け取った彼女に納品に走ってもらう、という算段です。うまくいきました。

生産出荷はそれで事なきを得たものの、組合からは「会社の犬」とののしられ、凄まじい突き上げを食らいました。でも、一番参ったのは、重役さんから「よくやってくれました」と褒められ、幾ばくかのおカネをポンと手渡されたことです。

それは私の本意ではありません。「自分のため、また会社のためにやったのではなく、お客さんに迷惑をかけられないから、また一緒に働いてくれる仲間に夢と希望を失ってほしくないから、さらには好きな仕事を奪われたくないから、仕事を続けただけのことです。会社からお礼を言われる筋合いはありません」と言って、おカネは突き返しました。

いまにして思えば、二十代半ばの青年でありながら、まさに経営者みたいなことをやっていました。不思議なことですが、誰に教えられたわけでもなく、「一介の社員であろうとも、そのような意識を持って働くことが大切だ」という考えが、自然と備わっていたように思います。経営者としての私の原点はまさに、この特磁課時代にあったといえるでしょう。

会社との決別、そして起業

会社との決別は、入社して三年目に突如、やってきました。そのころ、新たに日立製作所からセラミック真空管の引き合いがあり、私は懸命にその試作に取り組んでいました。非常に大きなプロジェクトで、将来が洋々と開けていく、そんな思いを抱いて。

ただ、日立さんが要求する仕様は極めて難しいもので、なかなか満足する開発成果が得られず、悪戦苦闘の毎日でした。試作品を持っていっては「これではだめです」の繰り返し。それでも私は、挫《くじ》けるどころか、ますますやる気を燃やして、努力を重ねていました。

そんなとき、新任の技術部長に「悪いが、君の能力ではもう限界だ。今後はほかの者にやらせるから、君は手を引いてくれ」と引導を渡されたのです。おまけに、「ウチには、私君より優秀な、いい大学を出た先輩の技術者がたくさんいるからね」とまで言われ、私はカチンときてしまいました。地方大学の出身者であることを蔑《さげす》まれ、さらには人格まで否定されたように感じたからです。気がついたら言下に、「そうですか。ではその人たちにやってもらってください。私は会社を辞めますから」と言い放っていました。

部長は「そういう意味で引けと言ったのではないんだ」とあわてて引き留めましたし、話を聞きつけた社長からも、祇園で夕食をふるまわれ、「何も辞めんでもいいじゃないか」と宥《なだ》められました。しかし、私の気持ちは治まりません。慰留されればされるほど、

「男が前言を翻せるか」と依怙地《いこじ》になっていきました。

いまとなっては「向こう見ずな」という気がしないでもありませんが、あのときは寝食を忘れるほど仕事に打ち込んできたという、自負とプライドのほうが勝ったのでしょう。結局、辞めることになって、それから「さて、これからどうしよう」となったわけです。

一時は、その一年ほど前に誘いがあったパキスタンの低圧碍子製造会社に行こうかと、気持ちが動きました。ただ、一人で行くのも淋しく、妻にしたいと考えていたくだんの女性に、「ついてきてくれないか」とプロポーズ。「いいわ」とＯＫをもらい、ほとんどパキスタンへ行く心積もりになっていました。

そんな折、鹿児島大学の内野先生と京都駅でお話しする機会がありました。パキスタン行きを告げたところ、先生は「絶対に行ってはいかん。四〜五年して帰国したとき、君の技術は大きな後れをとる。特殊磁器の研究でせっかく頭角を現したのだから、日本に踏み留まって、研究開発を続けるべきだ」と、いつになく厳しい口調で反対されたのです。

先生のこの言葉にはうなずくばかり。そうこうしているうちに、特磁課の部下たちが寮に押しかけてきて、口々に「僕も辞めて、稲盛さんについていく」と気炎を吐きます。やがて、前任の技術部長だった上司の青山政次さんまでやってきて、「私も辞める。友人に相談をして、会社を作ってもらおうと思う。君の技術をぜひ、世に出したい」と言い出されました。この一言は嬉しかった。もとより、私がそれを拒否するいわれはありません。

さっそく、つき従って、青山さんの京都大学工学部時代の友人である宮木電機製作所の西枝一江《いちえ》専務と交川有《まじかわたもつ》常務を訪ねました。最初はまったく相手にされず、「稲盛という青年がどれほど優秀な若者か知らんが、二十六、七の若造に何ができる。そんなとっぽい話に乗れるか」と散々な言われよう。私もさすがにムッときましたが、青山さんは一歩も退きません。二回、三回と通い、「将来きっと、ニューセラミックスの時代がきます」と必死で口説き、ついに宮木電機の社長ともども出資をしてくださることになりました。

また、西枝さんは、設備投資や原材料の仕入れなどに必要な資金一千万円を、自宅を

京セラがスタートを切った社屋（宮木電機の倉庫を間借りする）

抵当に入れて銀行から借り入れてくださいました。腹立ち紛れに「辞める」と言ったことが発端で、瓢簞《ひょうたん》から駒のように、会社を作っていただけた私は本当に幸せ者だったと思います。

また、私に人生を託そうとする仲間たちは、焼酎を飲みながら、口々に「万が一、会社がうまくいかなくなっても、心配しなくていい。僕らが日雇い仕事に出てでも、稲盛さんが研究を続けられるようにあなたを支える」とまで言ってくれました。これはどんな励ましの言葉より強く私の胸に響き、改めてありったけの情熱を、新しい会社での仕事に注ぐことを誓った私でした。

未来に向かって描く夢、日々懸命に全力疾走を続ける情熱、そして信じ合い一つに結ばれた心、それだけを礎《いしずえ》として、一九五九（昭和三十四）年、京セラはスタートを切りました。

逆境に耐え、未来を開く

挫折だらけの青少年時代を振り返って思うのは、私に降りかかってきた困難のどれ一つが欠けても、のちの京セラの創業は実現しえなかったということです。また、幸運というものがあるとするならば、それは逆境から摑み取るものだということです。

入試に失敗し、肺浸潤を患い、死と向き合ったとき、私は宗教書を通して、「心に思わないことは、自分の人生には起こらない。自分の心に描いたものが、すべての幸福、また不幸を招く」のだと知り、それを脳裏に刻みつけました。以来、心に思うことが人生を良い方向にも悪い方向にも導くと信じ、善き人生を歩むための心のありようを考え続けてきました。

社会人になって最初に就いた職場では、置かれた環境がどれほど劣悪であろうとも、絶望的な境遇に追いやられようとも、不平不満を並べ、逃げ場を求めてさまよっているうちは、人生は決して好転しないことを思い知らされました。同時に、自分の仕事を心から好きになり、寝食を忘れるほどの情熱を燃やして一心不乱に取り組めば、仕事がどんどんおもしろくなり、すばらしい成果が上がり、人生が明るく好転することを学びました。

図らずも、多くの部下を率い、集団の運命を預かる身になってからは、リーダーは根気強く仕事や人生の意義を語り、それを全員で共有することが大切だと気づきました。また、そのためには、仲間に説き続けなければならないこと、またそうすることで、心が一つに結ばれた最も強い集団となるということを知りました。

逆境はどれも、その後の私の人生をすばらしい展開へと導いてくれる糧となりました。

聞けば、桜の花は冬の寒さが厳しければ厳しいほど、開花への準備が進むそうです。寒さという逆境が、桜が開花するためには必要だということです。人も同じでしょう。

逆境に追い込まれたら、それを神様の贈り物と喜び、この苦境を克服すれば、すばらしい未来が必ず開けると固く信じることが大切です。そして、明るくグチをこぼさずに、将来に向けて、誰にも負けない努力を重ねていけば、その先にはすばらしい人生が開ける、私はそう信じています。

インタビュー採録②

仕事が好きになる努力をしなさい

――会社という組織に勤めているサラリーマンのなかには、「会社を辞めたいけれども、行き場がない。いまの仕事にもあまり満足していない」という人はたくさんいると思うのです。そういう状況にあって、稲盛さんのように目の前の仕事に没頭するという選択をする人は少ないような気がします。たとえば、余暇のほうに情熱を傾けてしまったり、なるべく働く時間を短くしようと思ったり、そういう方向にいきがちだと思うのです。ところが、稲盛さんは仕事に没頭しようという方向に目を向けられた。それはどうしてなんでしょうか。

稲盛　実は何でもないことなんですよ。ボロ会社だったものですから、給料があまり出なくて、遊ぶこともできなかったわけです。余暇を楽しむこともできない。だから、そんな選択をする自由なんてなく、設備もあまりない研究室で研究に没頭せざるをえなかった。「自然」がそんなふうに私を仕向けてくれたんですね。

私もあのときは、これほどの逆境はないというぐらいに思いましたけれど、そういう逆境から逃げていくところがなかったから仕事に没頭せざるをえなかったんです。しかし、いまになってよくよく考えてみれば、あの苦難と逆境の時代は、私にとって「自然」が与えてくれたすばらしい幸運だったなと思うのです。

――いまは仕事に打ち込まなくてもすんでしまう状況があると。

稲盛　おっしゃったように、いまの方々というのは大変豊かな時代に生きています。多くの人が食べられないこともありませんし、そんなに仕事に打ち込まなくてもすんでしまう。だから、仕事がいやになれば、すぐに会社を辞めてしまうんです。

会社に勤めたとき、与えられた仕事がそんなにおもしろくないのは、みんな同じだと思うのです。だけど、人生というのは何といっても長丁場なんです。何十年も実社会で生きていかなければなりません。そうであるならば、仕事にしろ何にしろ、いまやっていることを好きになる努力をしなければいけないと思うのです。

たまたま若くして好きな仕事に就ければ幸せかもしれませんが、自分の好きな仕事というのはなかなかあるものではありません。就職した会社で、与えられた仕事を自分の天職だと思えるように自分から仕事に惚れていかなければ、仕事を一生続けていくことはできません。幸せな人生にするか不幸な人生にするかというのは、社会に出て最初に与えられた仕事を自分から進んで好きになる努力をしたかしないかで決まるような気がしますね。

私の場合は、そうせざるをえない状況に追い込まれたのですが、幸いにしてすぐにセラミックスの研究というものを好きになっていった。それが私の人生を変えていったという気がします。

——最初から仕事が好きだったわけではなく……。

稲盛　「好きこそものの上手なれ」という言葉もありますし、また「継続は力なり」ともいいますが、仕事を好きになるよう努力し、それを続けていくことですばらしい力を発揮する。天才とか達人とか名人とかいわれる人たちも、みんな単調な仕事を長年やり続けた結果、そのようになっていったのです。地味な努力を続けていった方しか、立派な仕事はできないんだと思うのです。

単調で地味な仕事を生涯ずっと続けていくというのは、本当に心から好きにならなければできない。また、好きになる努力は自分でやるしかない。つまり、自分の人生を大事にしたいのなら、いまやっている仕事を自分から好きになる努力を重ねていくしかないと思います。

——私たちはよく「好きな仕事を見つける」という表現をしますけれども、そうではなくて、自分の仕事を好きになる努力をする。それが大事なんですね。

稲盛　そうなんです。好きな仕事をいくら探しても、そんなのはあるわけがありません。また、何が好きかといっても、二十歳ぐらいでそんなに考え方や人生観が固まっているわけではないのですから、何もかもわかっていると思い、決めつけることはおこがましいと思うのです。そうではなく、自分がたまたま遭遇したその仕事を好きになる努力をする、ということが私は正解だと思いますね。

第3章

会社は誰のものか

夢は大きく世界一！

「稲盛和夫の技術を世に問う」

京セラを設立した当初、私にあったのはその一念だけです。会社を経営するとはどういうことなのか、まったく理解していませんでした。幸い、松風工業時代に取引のあった松下電子工業さんから、テレビのブラウン管に使う、U字ケルシマという部品を発注してもらえるという確約が得られたので、とにかくその目の前の仕事を何とかやり遂げることで頭はいっぱい。

「U字ケルシマさえ作れるようになれば、会社は何とか経営していける。自分の技術を磨いて、お客様の期待に応えるいい製品をなるべく安く作れるよう、一生懸命に努力しよう」

それだけを目標に、日々懸命に努力を続けました。もっとも、私は子どものころから、

「夢見る夢夫」と呼ばれていたくらいですから、気宇壮大な夢を抱き、また社員にその夢を語ってもいました。

一九五九年四月一日、京都市中京区西ノ京原町にある宮木電機さんの倉庫を借り、創業式典を行った日の夜の宴会でもう、

「まず、原町一の会社になろう。原町で一番になったら、次は中京区一を目指そう。中京区一になったら京都一、京都一を実現したら次は日本一だ。そして、日本で一番と言われる会社になったら、その先は世界一だ！」

とぶち上げていました。すると誰かが「近くに歴史のある大企業がありますよ。あそこより大きくなれるはずがないでしょう」と揶揄《やゆ》します。さすがに一瞬、詰まったものの、すぐに気を取り直して、「いや、いずれそんな大企業など問題にならないくらい京セラを大きくしてみせる」とキッパリ。零細企業なのに夢だけは大きく、いつも気炎を吐いていました。

その後も折に触れて「日本一、世界一」とお題目のように唱え続け、自分を含め、みんなの気持ちを高揚させることに腐心したものです。いま思うと、大言壮語にも似たそ

の夢が、零細企業に次々と降りかかる苦難を耐えていくにあたり、いい方向に作用したようにも思います。

夢は大きくとはいえ、松下電子工業さんに納めるU字ケルシマを作り上げるのは、そう簡単な仕事ではありません。「原料を粉砕して調合し、プレスで固めて高温で焼く。さらにガラスを詰め、もう一度焼いて完成」という工程です。それぞれの工程ごとに専用の生産設備を自分で設計することに始まり、機械の完成後は何度も試運転を繰り返しながら調整作業を延々と続けなければなりません。

しかも、セラミックスの製造経験者は、松風工業以来の仲間七人だけで、残り二十人は中学を出て入社してくれた十五〜十六歳の〝素人〟ばかりです。彼らを指導しながらの仕事がはかどるはずもなく、毎日朝早くから夜遅くまで、ときには工場に泊まり込んでがんばっていました。徹夜に近い作業にフラフラになりながらも、私たちはわき目も振らずに走り続けたのです。

でも、つらいことばかりではありません。いま思い出しても顔がほころぶのは、制服・制帽を作ったときのことです。

京セラ創業時のメンバーと。後列、京都セラミックの表札から左に２人目が筆者

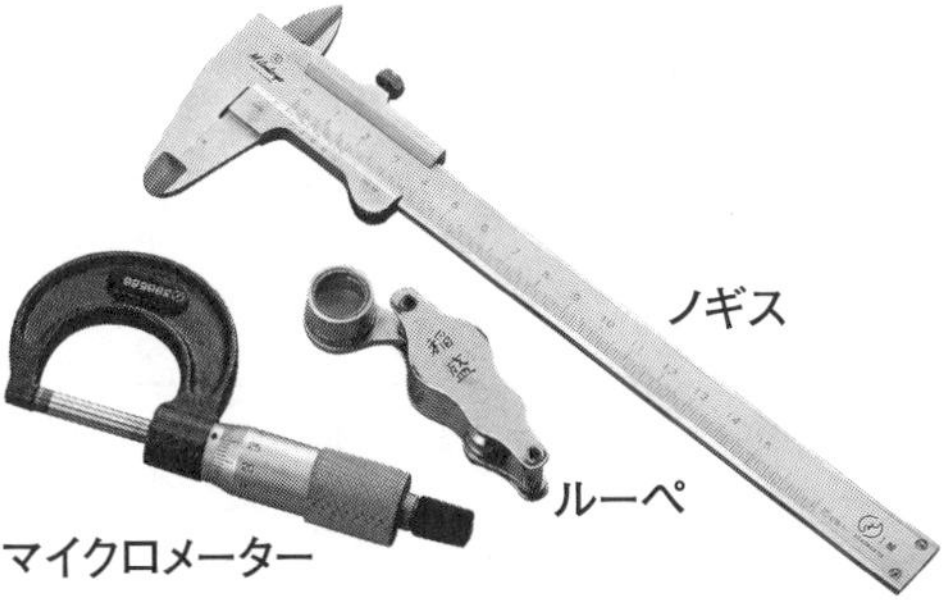

京セラ創業時より使用していた測定用器具（ノギスやマイクロメーターは厚さや直径を計測する精密測定具)。特にルーペ（拡大鏡）は必ず現場に携行し、製品を丹念に観察して、問題点について徹底的に考え抜くことが習い性となっていた

滋賀工場の初荷式（1960年代）

松風工業では、みんなてんでに調達した服を着て仕事をしていましたが、私はそれが不満でした。「みんながバラバラの格好をしていては、士気が低下する」と考えていたのです。そこで、新しく作っていただいた会社では、全社員が一糸乱れず、同じスタイルで仕事をすることに決めました。

作業服を売っているお店で、安くてかっこいいものを調達し、みんな揃いの制服に袖を通したとき、本当に嬉しかった。寄せ集めの田舎の兵隊さんから正規の軍隊に昇格したようで、「これで、みんなで力を合わせて仕事ができる」と気持ちが引き締まりました。

そんな制服・制帽によるモチベーション効

果もあったのか、私たちは会計初年度から黒字を計上できました。また、それは翌年以降も続き、京セラは創業から今日まで、たった一回も赤字を計上したことがありません。創業以来、全社一丸となってがんばってきた、まさに「誰にも負けない努力」の賜物であろうと自負しています。

〝経営マラソン〟を百メートルダッシュで駆け抜ける

「誰にも負けない努力」が習い性のようになるのは、決して簡単であったわけではありません。創業から一年二年経つうちに、みんなへバってきました。「もっとペース配分を考えないと、長続きしないのではないか」との意見も出てきました。しかし、私はこう考えました。

「日本の企業はこぞって、マラソンレースを戦っているようなものだ。たとえば、戦前からある大企業も、焼け跡から生まれた中小企業も、終戦の昭和二十年に一斉にスタートを切った。しかし、京セラが走り始めたのは、その十四年後の昭和三十四年だ。すでに、多くの企業がはるか先を走っている。たまたま会社を作っていただいた、つまりマラソンをしたこともない僕らには、全速力で追いかけるしか方法がない。ペースを考える余裕なんてありゃしないんだ。

たしかに、百メートルダッシュのような走り方をしていては、四二・一九五キロという長丁場のマラソンを走り通せないかもしれない。さりとて、チンタラ走っていては勝負にもならない。また、我々が百メートルダッシュのつもりで全速力で走っても、実際にはマラソン選手には追いつけないのかもしれない。ならば、どこまで続くかわからないが、百メートルダッシュで行けるところまで行こうではないか。倒れるまで、全力で走ってみよう」

部下たちは音をあげそうになったことでしょうが、私の意図するところを理解し、懸命に走ってくれました。

京セラは、それからも全力疾走を続け、創業から数えて十三年目の一九七一年、大阪証券取引所第二部に上場を果たすことができました。このとき、工場のグラウンドに全

滋賀工場でのすき焼きパーティー（右端が筆者）。創業間もないころからコンパを開き、社員との結束を図ってきた（1960年代）

まだ海外旅行が高嶺の花のころ、社員全員で海外旅行に行くことを目標に仕事に励んだ

社員が集まり、キャンプファイアの炎を前に祝杯をあげながら、「百メートルダッシュを続けてきてよかった。一流のマラソンランナーのはるか後方からのスタートだったけど、全力で走るうちに第二集団に追いつくことができた。これからも先頭集団を目指して、全力で走り続けよう」と誓い合ったことをいまでも覚えています。

若手社員の反乱から生まれた「理念」

上場に至るまでが、すべて順調であったわけではありません。創業から三年目に、若手社員の反乱がありました。入社してちょうど一年くらい働いてくれた四月のこと、高卒社員十一人が突然、血判を押した「要求書」を突き出してきたのです。

彼らはできたての会社で、毎日毎日長時間働き続けるなかで、将来への不安を募らせたようです。定期の昇給とボーナスの支給を約束してほしいと言ってきたのです。また、その要求が通らなければ「辞める」とまで言うのです。

私自身、以前勤めていた会社を入社早々辞めたいと考えたことがありましたので、彼らの気持ちもわかりました。しかし、だからといって生まれて間もない、当時の京セラに将来の保証などできるはずもありません。

会社で話し合っても埒《らち》があかないので、私は彼らを自宅に連れて帰りました。嵯峨野《さがの》の広沢池《ひろさわのいけ》近くにある、三間しかない小さな市営住宅です。そこで彼らと膝を突き合わせての話し合いが、三日三晩続きました。

「要求通りにしてあげたいが、約束はできない。私は、皆さんに少しでもいい条件で働いてもらえるようにがんばっている。ただ、来年の賃上げは何%、ボーナスは何カ月を必ず出すなどと保証することはできない。もし約束をしたら、君らに嘘をつくことになる。君たちはそれで満足なのか？　私は待遇を保証するというような約束はできないが、みんなのために誠心誠意尽くすことだけは約束する。私を信用してくれないか」

懇々と説き続けて、一人また一人とうなずいてくれました。最後のリーダー格の一人はなかなかガンコでしたが、とことん話すことで私の誠意もようやく通じたようです。

彼らと気持ちを通わせることができたのは嬉しかったものの、反乱が収拾した夜は、なかなか寝つけませんでした。

「とんでもないことになった」

最初にお話しした通り、私は自分の技術を世に問うために会社を作ってもらったのに、若い社員は、そんな会社に一生を託そうとしているとは……。正直に白状すると、「こんな重荷を背負うことが経営なのか」と暗澹《あんたん》たる気持ちになりました。同時に、空襲で家が焼けたあと、貧乏を続けていた実家のことを思うと、虚しさも感じました。

「苦しい家計のなかを大学まで行かせてもらった。だから弟妹たちの学費の足しにと、わずかながらでも両親に仕送りをしてきた。それもまだ不十分だというのに、他人である従業員の生活を、どうして私が保証しなければならないのか。会社とはそんなものなのか」

夜更けまでそんなことを考え、悶々としていました。しかし、東の空が白むころになると、心は次第に、「会社の意義とは、従業員の生活を守ることにある。私はそれを約束したのだ」というほうへと傾いていきました。そして、早朝に出社した私はすぐに、自分に言い聞かせるように、

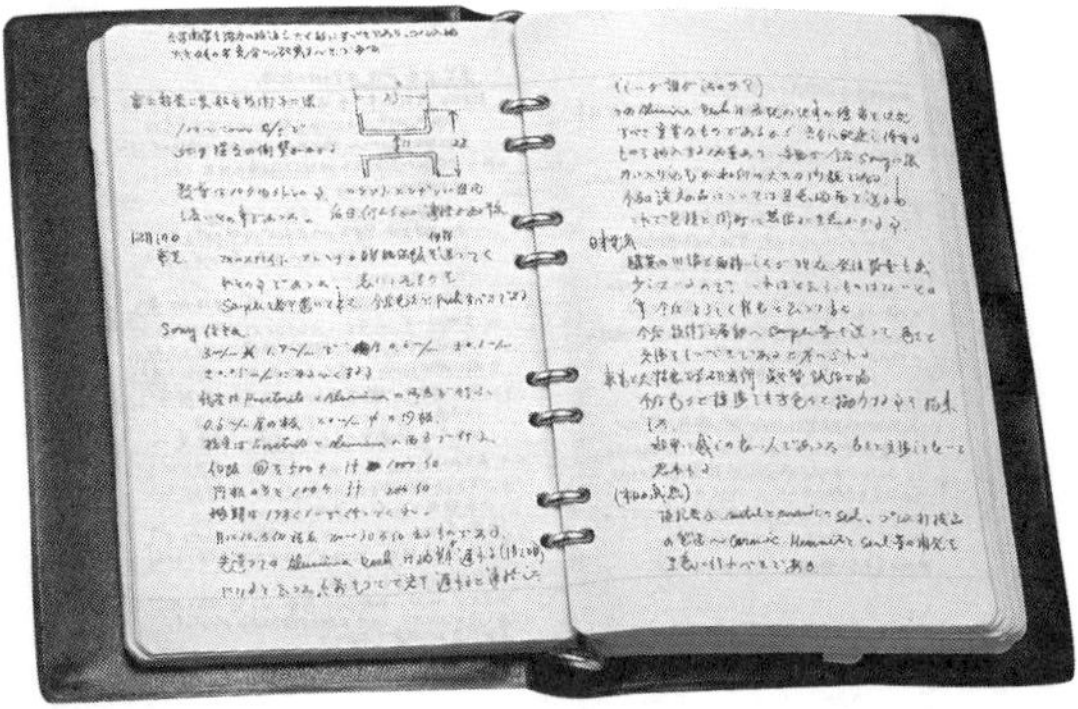

創業間もないころから使用していた手帳。日々の商談や打ち合わせの内容がびっしり書き込まれている

「全従業員の物心両面の幸福を追求すること」

と大書しました。しかし、社会の公器としての責任も果たさなければならないはずだと考えて、

「人類社会の進歩発展に貢献すること」

という一節も書き加えました。

それで悩んでいたことがすべて吹っ切れて、翌日だったでしょうか、従業員全員を集めて「今後は、これで経営をしていきます」と宣言しました。その瞬間、「稲盛和夫の技術を世に問う」という京セラ設立の動機が雲散霧消し、新たに京セラという会社の存在意義を明らかにした経営理念が確立したのです。

「若手社員の反乱」の末に生まれたこの経営理

念は、その後の京セラの経営基盤となりました。この経営理念があったればこそ、従業員と心を一つにして、惜しみなく努力を払うことができ、またその献身的な努力が、大きな発展につながっていったのだと確信しています。

不況はチャンス

さまざまな艱難辛苦《かんなんしんく》に遭遇しながらも、京セラはどんどん成長していきました。吹けば飛ぶような弱小無名企業ゆえに、生き残る道はこれしかないと、他社ができないもの、断ったものを果敢に「やります」と引き受け、未知の製品作りに邁進してきた、それが最大の成功要因でしょう。常に自分の能力を未来進行形で捉え、「いまの自分にはできないが、将来の自分には必ずできる」と信じて、限界まで粘っては、何とか難題をクリアしていくことの連続でした。一見、安請け合いのように見えますが、私たちはちゃんと結果を出し、次第に実績と技術を蓄積していったのです。

その後、アメリカへの進出を果たし、九州に大きな工場を作り、まさに事業が拡大の一途にあったとき、突如オイルショックが日本を直撃し、受注の激減となって京セラをも襲いました。産業界には、人員整理や一時帰休が広がり、京セラにも多くの余剰人員が発生しました。ただ「雇用を守る」という私の思いが揺らぐことは一切ありませんでした。なぜなら、くだんの「若手社員の反乱」以降ずっと、「全従業員の物心両面の幸福を追求すること」を、経営の大義としてきたからです。

とはいえ、オイルショックで仕事が七割もなくなり、残る三割しかない仕事に、そのまま全員を配置していては、現場の空気はたるんでしまうだけです。私は現場の緊張感を保つため、思い切って仕事にあぶれた七割の人を現場からはずしました。そして、この機会に会社のなかをきれいにしようと思い、工場内の掃除や整理整頓、敷地周辺の草むしりや花壇の手入れ、溝の泥さらえなどに駆り出したのです。みんな不安に思いながらも黙々とこなしてくれました。雨が降って外で作業ができない日は、みんなで会議室に集まり、「京セラフィロソフィ」という、経営のあり方や人間の生き方について私がまとめたものを学ぶ勉強会を開くなど、さまざまなことに努めてくれたようです。

厳しい不況のなかにあっても、社員一人一人がこのように会社への全幅の信頼感をベースに、懸命に努力を重ねてくれたこと、また会社もそれまでの間に堅実な会計思想のもと、十分な蓄えをしてきたということもあり、京セラは一人の解雇者も出さず、長い不況を乗り切ることができました。

不況というのは企業にとって最も困難な試練の一つでしょうが、私は逆に「不況こそ、会社を伸ばす一大チャンス」と捉えてきました。事実、京セラはいくつかの不況をバネにして、成長発展してきました。このオイルショックのときも然り。注文が減り、生産も落ちるなかにあって、懸命に技術開発に努め、また全社員で営業活動に励み、さらにはあらゆる経費の削減に努めるなどのひたむきな取り組みを続け、不況を飛躍へのジャンピングボードとしたのです。

不況になると、たいていの企業は「耐えるしかない」とあきらめムードに支配されてしまいがち。経営者も従業員も、みんなただ頭を下げて、ひたすら不況という嵐が通りすぎるのを待つことになります。

だからこそ、不況のときにがんばる意味があるのです。周囲があきらめているなかで

滋賀工場で使用していた机。常にど真剣に「考えよ」を自分に課し、苦境を乗り越えてきた

孤軍奮闘、誰にも負けない努力を重ねれば、それがのちに大きな差となって現れるのです。

好況時はどんな会社にも注文が舞い込んで、あまり企業間で差が出ません。また日本の経済社会には頑迷な秩序があり、中小零細企業が自由に発展していける余地はあまりありません。しかし、不況となると、そこに乱れが生じ、中小零細企業の活躍する場が広がるのです。

不況に耐えながらも、営業はいままで以上に市場の需要発掘に努める、技術は新たな需要創造を図る気概を持って研究開発に取り組む、そして全社をあげて徹底的な経費削減に努め、筋肉質の企業体質にする。そのような努力が不況後に大きな実を結ぶのです。

救ってあげたい一心で行ったM&A

京セラは、今日までいくつかのM&A（企業の合併・買収のこと。Merger & Acquisition の略）を経験しました。しかし、そのほとんどが救済、つまり倒産の危機に陥った会社から救いを求められたことがきっかけでした。困り抜いた経営者の懇請にお応えするなかで、私たちも心底「救ってあげたい」と思い、行った、それが京セラのM&Aの真の姿です。

M&Aを行う際、大切なことは、新たに仲間に加わる人たちが、自分たちの会社の経営理念や哲学を理解、共有してくれることです。

だから、他の企業をグループに迎えるときに、私が行う最初の仕事は、自ら相手先企業に出向き、全社員の前で諄々《じゅんじゅん》と自分の考え方を語り、さらにはコンパを開き、膝詰めでとことん話し込むことです。

最近も、ある大企業の子会社に新たにグループに加わっていただいたときに、会場がないものですから、屋外の駐車場にシートを敷き、幹部から一般社員まで全員が車座になって、酒を酌み交わし、語り合ったことがありました。

「皆さん、遠慮なく私に質問してください。私は自分たちが正しいと信じることを率直にお話しします。また、皆さんのお話もうかがいたい」と言って、向かい合うと、緊張していた相手企業の社員も必ず胸襟を開いてくれます。

もちろん、すべてがすんなり運んだわけではありません。ある倒産に瀕した会社を助けたことで、大変な目に遭ったこともありました。

その会社は、トランシーバのヒットで急成長したベンチャー企業なのですが、単品生産で一気に伸びていった企業にありがちなリスクをはらんでいました。実際に、受注が途絶えたとき、一気に窮地に陥りました。そのため、京セラに救済要請があったのです。

私はその会社の社長に話を聞かせていただき、従業員を助けてほしいという、その思いに強く心を打たれました。また幹部とコンパを行い、一緒にやれる方々だという思いも強くしました。そして、京セラグループに入っていただくことを決めました。戦略や戦術があったからではありません。その会社を救済し、従業員の生活を守ってあげることは人助けであり、人間として正しいことであると考えたからなのです。

しかし、その会社には過激な労働組合があり、理不尽な要求を並べ、ストライキを繰り返していました。私がそのような要求に断固として応じなかったために、彼らは京都の目抜き通りや私の自宅周辺にまで押しかけてきて街宣活動を行い、また電柱や塀などに、私や京セラを誹謗するビラを貼るなどの行為を繰り返しました。また新聞や雑誌などマスコミでも中傷記事が続き、京セラは企業イメージを著しくダウンさせ、計り知れないダメージを受けました。

人助けという善きことをしたにもかかわらず、大変な苦労を強いられ、ひどい目に遭いました。しかし、私はグチをこぼさず、その会社の流れをくむ電子機器事業の育成に努めました。苦心惨憺の末、プリンタ事業を軌道に乗せ、また通信機器事業を育て、いまやこの電子機器の部門は、京セラの事業の柱の一つとして大きく成長しています。ま

1990年には、積層セラミックコンデンサの世界的メーカーであるAVX社が京セラグループに参加

た、その過程で、つぶれかかった会社で明日をも知れぬ不安を抱いていた社員たちが、いまや将来への明るい希望に燃え、大活躍してくれているのです。

「情けは人のためならず」などと言えば、「浪花節《なにわぶし》で会社を経営できるわけがない」と一蹴されがちです。しかし、たとえビジネスの世界であろうとも、長いスパンで見れば、善きことをしたら、必ず善き結果が還ってくるのです。

最近の若い経営者を見ていますと、敵対的なM&Aを繰り返してでも、企業を短期間に成長発展させようとする人が増えているように感じます。M&A自体は悪いことではありません。必要な技術も人材も経験も社内にない事業を新たに展開するとき、すでに立派な経営資源を持つ会社を買収して「時間を買う」ことも、ときに必要なことでしょう。

しかし、資本の論理だけをふりかざしても、経営がうまくいくわけではありません。過半数の株式を握れば、法規上は会社を支配できても、社員の心まで支配することはできません。それでは、現地に住む人々の心を無視し搾取を繰り返した、かつての植民地政策と同じことで、支配下に置いた会社を自分の都合のいいように動かすことなど不可能です。求心力どころか遠心力が働いて、必ず統治しきれなくなるはずです。

求心力が働く強い組織とは、心で結ばれた仲間同士という一体感があり、夢や目的そして判断基準を共有しているような集団です。そのような組織を、経営者自らが率先垂範、作り上げる労を惜しんでは、M&Aの成功は難しいといわざるをえないでしょう。

社員のために、そしてお客様、取引先、社会のために

昨今はやりの「会社は誰のものか」という問いを受ければ、私は躊躇《ちゅうちょ》なく「全従業員の物心両面の幸福のためにある」と答えるでしょう。そして、「お客様、取引業者さん、地域の方々をはじめ、企業をとりまくすべての人々のために存在している」と続けるに違いありません。

もちろん、商法上の会社の持ち主は株主です。最近はよく株主主権論をもって、「会社は株主のものだから、株主が儲かるようにするのが会社の目的だ」なんてことが主張されます。なかには、株を大量に買い占めて、「もっと配当を出せ」とか、「もっと利益が出るように従業員のリストラを進めろ」などと要求する株主もいます。

しかし、京セラは創業以来今日まで、「株主のために会社が存在する」とは一度も言ったことがありません。これは、決して株主を軽視しているわけではありません。もし、株主から「けしからん」と苦情がきたら、私はこう説明します。

座右の書『南洲翁遺訓』。全41条の遺訓には、政治や外交、軍事などの話を題材に、人の上に立つ者が身につけるべき思想がつづられている

「従業員みんなが安心して、喜んで働いてくれるような会社にする。さらには広く社会から信頼と尊敬を受けるような立派な会社にする。その結果として、すばらしい業績を実現する。そうすることが、ひいては会社の価値を高め、株主にとっても望ましいことになるはずです」

この意味からも、経営者には、まず自分が率いる集団を幸福にする責任があります。

ともすれば、会社が成功し、上場でも果たすと、すべてを自分の才覚によるものとして、「私がお金持ちになってもそれは当然でしょう」とばかりに、莫大なキャピタルゲインを得て、豪邸を建てるような経営者が後を絶ちません。大きな勘違いをしているのです。類い希な才能に恵まれた経営者は、「なぜ、その才能があなたに与えられたのか」ということを考えなければなりません。

才能とは、集団を幸福へ導くために天がリーダーに与えてくれた資質だと考えるべきです。あなたでなければならない必然性はなく、他の人でもいいはずなのです。ならば、才能を授かった者は、それを世のため人のために使うべきであって、自分のためにだけ使ってはならないはずです。

集団のリーダーになろうという人は、自分を大事にしてはいけないのです。自分を脇に置いて、集団のことを最優先で考えられるような人でなければ、決して経営者にはなってはいけないのです。

私の尊敬する郷里の大先輩、西郷南洲[*1]（隆盛）は、「己れを愛するは、善からぬことの第一也《なり》」と、その遺訓集で述べています。これは明治新政府の樹立に尽力した南洲が、私利私欲に走る当時のリーダーたちを戒めた言葉です。また南洲はこうも言っています。

「命もいらず、名もいらず、官位も金もいらぬ人は、仕末に困るものなり。此《こ》の仕末に困る人ならでは、艱難を共にして国家の大業は成し得られぬなり」

「命を含め、私心を捨てきることのできる人にしか、大きな仕事はできない」、この言葉には、経済界のみならず、政界や官界など、あらゆる世界に通じる、最も大切な精神が凝縮されています。リーダーの条件はまさに、自分を滅することにある、私はそう固く信じています。

＊1　**西郷南洲（隆盛）**　一八二七〜七七。幕末・維新期の政治家。南洲は号。薩摩藩の指導者として、宿敵長州藩と薩長同盟を結び、倒幕に貢献。戊辰戦争では江戸城の無血開城を実現させる。明治新政府では廃藩置県などの改革を進めるが、征韓論が起こると大久保利通と対立して下野《げや》。七七年に挙兵するも敗れて自刃《じじん》した。西郷が唱えた「敬天愛人」は「天を敬い、人を愛する」、すなわち「道理を守り、人のためにつくす」の意で、京セラの社是となっている。

インタビュー採録③

経営で一番大切なもの

――ちょっと抽象的な質問をさせていただきたいと思います。経営で一番大切なものは何でしょうか。たぶん盛和塾などでも、そういった質問を受けることがあるんじゃないかと思いますが。

稲盛 企業経営をする人は、いわゆる才覚とか商才とか、またビジネスを展開していくための戦略・戦術とか、そういったものが優れていなければなりません。また、技術系の会社であれば、技術屋としての優れた才能をまず持っていなければいかんのだと思います。

しかし、そのような才能以前に、その経営者が企業経営をするリーダーとしてふさわしい人間性を持っているのかどうか、それが大切ですね。リーダーがその集団をハッピーにもしますし、逆に不幸にもしていく。リーダーである以上は、自分の率いる集団を本当に幸せな方向へ導いていかなければいけない。そういう責任が経営者にはあるわけです。

そう考えたとき、リーダーが持つべき人間性はまず謙虚であることだと思いますね。才能があればあるほど素直で謙虚な人間性をベースに持った人、もっと言いますと、自分自身を大事にする意識をあまり持たない人。つまり、無私であるということが求められますね。リーダーは自分のことはさておき、集団にとって幸せなことは何なのかを考えて行動しなくてはいけません。

人間というのは、どうしても自分にとって都合がいいか悪いか、ということで判断をしてしまいます。リーダーというのもやはり人間ですから、自分にとって都合がいいか悪いかで判断をしがちです。でも、それでは集団のためにはなりません。経営者たる者は、自分というものを大切にする心、つまり、利己的な考え方を少し横に置いて、集団のために何が大事なのかということを考えなければいけないのです。

利己的なリーダーは会社が成功しますと、「俺に能力があったから」「俺に技術屋としての才能があったから」と勘違いしてしまいかねません。それがさらに、「俺がお金持ちになるのは当たり前だ」「俺が贅沢をするのは当然だ」という思いにつながり、どこまでも「俺が、俺が」というのが出てきて、「私」というのが常に中心になる。そんな「私」中心の人が経営者であったり、リーダーであったりすると、その下にいる人たちは不幸になってしまいます。

だから、自分が一番大事だと思う人は、リーダーになってはいけない。一個人なら自分の勝手ですから、自分のことを最優先に考えてもけっこうかもしれませんが、政治の世界であれ、経営の世界であれ何であれ、どんな集団でも長になろうと思われる人は、自分というものを大事にしてはならんのです。勇気がいると思いますが、自分というものをないがしろにしてでも、自分が率いる集団のことを最優先して考えられなくてはいけません。

――稲盛さんにとって、従業員はどんな存在ですか。

稲盛　京セラという会社を二十七歳で作っていただいたとき、私には資金もありませんでした。また、私の技術をベースに創業したのですけれども、さほどすばらしい技術であったわけでもない。おカネもなければ技術もない。会社をやっていくうえで、私には頼るべきものがなかったんですね。そのときにいろいろ考えて、「私にはおカネも技術もない。ないないづくしだが、人の心を頼りにして会社経営をしていこう」と思いました。

ただ、人の心ほどはかなくて、頼りないものもない。すぐに裏切ったり騙したりするのも、人の心ですから。でも一方で、「強い絆」というように、これほど信頼がおけるものもないもので、つながり合えるのも人の心です。「一度契りを結んだ以上は命をかけてでも」という、そういう強い心の結びつきもあるはずだと思ったのです。

私はその強い心で結ばれた仲間を作りたい。それしか私には頼るべきものがなかったので、みんなにそういう話をしました。

「本当に一心同体になってがんばってほしい。私は皆さんを信じ、皆さんと心を一つにして一緒にやっていきたいと思う」

そうして会社が始まり、その後もずっと一貫して、従業員は家族みたいなものだという考え方でやってきました。ですから、仕事がうまくいってもいかなくても、よく酒盛りをしましたね。うまくいったときにはみんなで喜びを分かち合い、うまくいっていないときには互いに慰め合ったり励まし合ったりしました。

――京都の円福寺には京セラの従業員のお墓というのがあるとお聞きしたのですけれど、これは従業員を家族のように思う気持ちからできたものなんでしょうか。

稲盛 そうです。円福寺のご老師（のちに詳述）と親しくさせていただくようになったとき、ふと思ったんです。従業員はみんな、自分の日常や健康のことも顧みないくらいに一生懸命、会社のためにがんばってくれている。そういう人たちと、亡くなったあとも一緒にいたいと。

当時は、お墓を買うことがなかなかできないというような記事が新聞・雑誌に載っていたときでもありました。それで、現世で兄弟のように仲良くやってきたみんなと、死んでしまったらばらばらになるのではなく、ずっと一緒にいられるようなお墓があってもいいんじゃないかなと思って、従業員たちに聞いてみたんです。

すると、「自分は田舎の実家のお墓に入ることになるけれど、もし仲間と一緒にいられるそんなお墓があったら嬉しいですね」というように、大勢の従業員が賛同してくれました。

それでご老師に、従業員のお墓を作れないものかと相談したところ、「稲盛さん、それはいいことですよ、うちのお寺の一画を使ってもらっていいですよ」と言ってくださったので、喜んで従業員のお墓を作らせていただきました。

——すばらしいですね。

稲盛　ただ当時、京セラが従業員のお墓というものを作ったことが新聞に載ったら、いろんなところから非難がありました。「人によって宗教はさまざまだ。

建立誌

我々は会社創立以来　全従業員の物心両面の幸福を追求する為に　小善に安んずることなく大善を為さんと毎日刻苦勉励してきました

その結果　我々の魂は少しずつではありますが　浄化・止揚されつつあります　願わくば　生ある限り積善を行ない　心の浄化に努め　彼岸にあっても幸せでありたいと念じております

今日　創立二十周年を迎える迄に幽明境を異にされた同士の霊を　また今後の物故者の霊を供養せんが為に従業員の墓を此処清浄の地　圓福寺境内に建立致しました

願わくば皆さんの霊魂が成佛され　彼岸にあっても幸せであり　時には此地に現世の如く集い　談論風発　酒を酌み盃を交わす場でもありますように願っております

昭和五十四年四月一日

京都セラミック株式会社

取締役社長　稲盛和夫

京都府八幡市円福寺境内にある「京セラ従業員の墓」

なにも仏教だけではない」とか、「京セラの社員であれば、その墓に入らなければならんのか。生きている間も会社で縛られ、死んでも会社の墓で縛られるというのはかわいそうではないか」とか。「ご遺族がご希望する方にだけ、それも分骨して入ってもらうお墓にするんですよ」と言ったのですが、そういう非難をする方もいましたね。

でも私としては、本当に苦労を分かち合って仕事をしてきた仲間たちは、来世でもみんな幸せであってほしいという気持ちが強かったのです。

お墓の横には、まだ若かった私が自分で碑文を書いた「建立の碑」を建てました。ここで年に一回、慰霊祭を行っています。また、その後、ご遺族と食事会をし、亡くなった仲間の霊にも、いわゆるお膳を出して、お酒を注いで、元気なころにみんなで一緒に飲んだように酒盛りをしております。

円福寺さんには本当に立派なお墓を作らせていただき、心から感謝しております。

――お墓に入っていらっしゃる方は皆さん、稲盛さんにとって家族と同様の

方々ですね。

稲盛　そうですね。創業期からおられた古い方々もいらっしゃいます。七十歳以上になったいまでも毎年お見えになるご遺族の奥様もおられます。「ここで皆さんにお目にかかると、主人が生きていたときのことを思い出します」とおっしゃってね。心の底から、従業員のお墓を作ってよかったと思っています。

第4章

何のために生きるのか

苦労は生きている証

「一致団結して、世のため人のためになることを成し遂げたいと、ここに同志が集まり血判する」――弱冠二十七歳にして京セラという会社を作っていただいたとき、私は血の気の多い仲間七人と、そのように誓詞にしたため、署名をし、小指の先を切って血判までしました。

研究をすることしか能のなかった若造が、なぜ「世のため人のため」なんて高尚な言葉を思いついたのか、いまもって不思議です。しかし、その後も、ときにそういうことがありました。理工系の勉強しかしておらず、文学も哲学も歴史も知らない、本もあまり読まなかった私なのに、自分の教養とは無縁のすばらしい言葉が、どうかした拍子に飛び出すのです。あとでそれを他人事のように見聞きして、「いったい誰が言ったの？書いたの？」と首を傾げることもしばしばでした。

しいて言うなら、信心深い仏教徒の家庭に生まれ育ち、小学校にあがる前から朝晩必ず、仏壇に手を合わせる習慣が身についていたため、仏の智慧を得ていたからでしょうか。あるいは、研究や経営に没頭し苦しみ悩んだ私をあわれんで、天が〝知恵の蔵〟の扉を開けて、啓示のごとく知恵を授けてくれたのか……。いまもって謎です。

いずれにせよ、私は若いころから、

「人間は世のため人のために何らかの貢献をするために存在する。それは、親切な言葉をかけるとか、笑顔で人と接するとか、些細なことでいい、周囲に『あなたがいてよかった』と思ってもらえる生き方をすることが大切だ、そこに、人が生きている価値がある」

と考えていました。特に五十の坂を越えてからは、その思いをいっそう強くし、「生きるとは」「死とは」「人生とは」といったことを深く突き詰めるなかで、その思いがいっそう募るようになりました。

そんな私の心の師は、京都の南西にある円福寺の西片擔雪《にしかたたんせつ》ご老師でした。現在は、臨済宗妙心寺派の管長猊下《げいか》になっておられます。猊下が学生時代に、京セラ設立の恩人である西枝一江さんの家で書生をしておられた関係で、ご面識を得ました。その後、高僧でありながら、私の俗っぽい相談にも耳を傾けていただけるものですから、何かと甘えて、困ったことがあると猊下のもとを訪ねたものです。

猊下はどちらかといえば無口な方で、説教じみたことは何もおっしゃらず、いつも静かにお抹茶をたててくださいます。その横で、私が勝手に会社のことやら何やら、いろんな悩み事を打ち明けていました。

擔雪猊下からいただいたご指導のなかで、いまなお鮮明に覚えているのは、一九八五年に京セラのセラミック製人工膝関節に薬事法違反の疑いがあると指摘されたときのことです。

すでに、股関節については厚生省（現・厚生労働省）の認可を受けていました。セラミックスは人体になじみやすい材料なので、治療効果は上々。病気や事故で体の一部機能を失った多くの患者さんに大変喜ばれていました。それで整形外科の先生たちが「膝関節も作ってほしい」と強く要望されたのです。

ただ、同じ材料を使った人工骨、人工関節でも、新しい形状や大きさで作るときには個別に認可を受ける必要があります。担当者は「あと二～三年、待ってください」と言ったものの、臨床試験用に提供している段階で「とても具合がいいから、継続して使いたい。患者は急を要する。作ってくれ」という声が高まりました。

その熱意に負けて「人助けになるなら」と提供してしまったことが、「京セラは無許可で人工膝関節を作り、商売をしている」との非難を呼んだわけです。

「世のため人のためよかれ」と思ってやったことで、マスコミの集中砲火を浴びる――この一件は非常にこたえました。私の足は自然に、擔雪猊下のところへと向かいました。そして、胸の内を切々と訴えたのです。ところが、猊下は慰めてくださると思いきや、いつものようにお茶をたて、「お饅頭でもどうぞ」とにこにこ笑いながら、意外なことを言われました。

「それはしようがありませんな、稲盛さん。苦労するのは生きている証拠です。死んだら、そんな目にも遭わないのですから、いいじゃありませんか。災難に遭うのは、過去に作った業が消えるときです。どんな業があったか知らんが、その程度のことで業が消えるなら、赤飯でも炊いてお祝いせんといかんですな」

この言葉で私がどれほど救われたことか……。

「業が消えたこれからは、また悪い業が噴き出さぬよう、善行だけを積んでいこう」

打ち萎《しお》れていた私の心は、前を向いて生きる元気を取り戻したのです。

六十歳からは「魂の旅立ち」への準備期間

人生を考えるなかで私は、「死とは、現世に肉体を置いて、魂が新しい旅立ちをすることだ」と信じるようになりました。以前会ったヨガの聖者の言葉から、自分の人生は八十年と勝手に決めて、
生まれてからの二十年は、社会に出るための準備期間。

次の四十年は、社会のため、自己研鑽のために働く期間。

最後の二十年は死、すなわち魂の旅立ちへの準備期間。

そう捉えたのです。

私はそれまでの人生で、いろんな苦難に遭遇しました。幸運にも恵まれました。そうした波瀾万丈の日々を過ごすなかで、私の生まれ持った魂は自然と鍛えられ、磨かれたと思います。

その魂を、六十歳からはより美しく研ぎ澄ましていく――それが、晴れ晴れとした気持ちであの世に旅立つための準備だと考えました。またそのために、お釈迦さんの教えをもっと深く勉強したいと思ったのです。

そんな話を擔雪猊下にしたところ、「得度でもしてみますか」と、これまた意外な言葉が返ってきました。それまで、まさかお坊さんになろうなどと、大それた望みは抱いたこともありません。

思わず、「私のような俗っぽい人間がお寺に入って、得度することができるのでしょうか」と尋ねると、「その気がおありなら、いつでもどうぞ。ただし、一週間から十日くらいはお寺に入り、雲水（修行僧）の人たちと厳しい修行をしてください」とおっしゃっていただきました。そして一九九七年、六十五歳のときに、京セラ、第二電電（現・ＫＤＤＩ）とも名誉会長に退き、円福寺で得度することにしたのです。

しかし、得度しようとしたその矢先、思わぬ出来事に見舞われました。健康診断で進行性の胃がんであることが判明したのです。即、手術が必要でした。不思議と、動揺はありませんでした。ちょうどその日に予定されていた岡山の盛和塾の例会にも、検診の結果を聞いたその足で出向き、いつも通りに塾生たちと食事をし、お酒も少しいただいたくらいです。常日頃、人生を深く考えるように努め、「得度する」と覚悟を決めていたことが、私の心を平らかにしてくれたのかもしれません。

そんなわけで、得度のために空けたスケジュールを急遽、手術と療養に振り替えることになりました。しかし、六十歳と決めていた時期をすでに五年も過ぎているので、これ以上の遅延は私自身が許せません。胃の三分の二を切除した、病み上がりの体ではあるものの、できるだけ早く得度をして、お釈迦さんの教えを授かりたいという思いのほうが勝りました。

そうしてまだ残暑厳しい九月七日、家族や親戚が見守ってくれるなかで、ようやく得度式を執り行い、「大和《だいわ》」という僧名をいただき、体力の回復を待って十一月には、円福寺で大接心《おおぜっしん》という厳しい修行に入ったのです。

修行で得た幸福感

大接心では、初冬の寒い季節であろうと、早朝三時起床、夜十一時就寝の日々です。食事は一汁一菜。若い雲水の方はさぁっとお粥をかき込んで、沢庵をかじり、あっという間に食事を終わらせ後片付けをして、駆け足で禅堂へと向かいます。

ところが、術後間もない私は胃袋が三分の一しかなく、医師から「よく噛んで食べなさい」と諭《さと》されている身。置いてけぼりを食わぬよう、二口三口食べたところで彼らのあとを追うのが精一杯です。足手まといになりながらも、とにかく言われるままに走り回っていたことを覚えています。それでも、緊張していたせいか、不思議とつらさはありませんでした。

この修行で忘れられないのは、托鉢《たくはつ》に出たときのことです。

托鉢は、紺木綿の衣に網代笠《あじろがさ》、素足に草鞋《わらじ》という雲水の姿で信徒の家々を回ります。

托鉢の様子（1997年）

そして、戸口で四弘誓願文《しぐぜいがんもん》というお経をあげ、肩からさげている頭陀袋《ずだぶくろ》にお布施としてお米を入れてもらいます。

朝早くから夜遅くまで一日中、この慣れない托鉢を続けていると、草鞋の先からはみ出した指が地面にすれて、血が滲んできます。しかたなく踵《かかと》に重心を乗せて歩くと、今度はふくらはぎが痛みます。各家から五合とか一升とかいただく、お米の入った頭陀袋の重みも増していきます。ですから、夕暮れともなると、足取りも重く、疲れきってしまうのです。

そんなお寺への帰り道、私がとぼとぼと歩いていたら、道横の公園で落ち葉を掃除していた年配のご婦人が私のほうへスタスタと歩いてこられました。そして、黙って百円玉を差し出されたのです。私は頭陀袋で受けるという作法も忘れて、無意識のうちに両手を合わせて「ありがとうございます」と拝んでいました。

そのときです、幸福感が全身を貫いたのは。肉体を構成するすべての細胞が喜びに打ち震えているとでもいいましょうか。決して豊かそうには見えないご婦人が、私にお布施をくださる美しくも優しい心に、いままでの人生で感じたことがないほどの、新鮮で純粋な感動を覚えたのです。これぞ神仏の愛、いま思い出しても、その幸福感がよみがえってきます。

こんな至福の境地を得たのは、後にも先にもこのときだけ。円福寺の修行で得た、私の一番の宝です。と同時に、この修行を通して私はこう信じられるようになりました。

「善きことを思い善きことを実践すれば、善きことを招来する。悪しきことを思い悪しきことをすれば、悪しき結果を招く」

そうはいうものの、いつも善きことばかり実践できないのが人間です。しかし、たとえときに誘惑に負けることがあっても、日々反省をし、善行を積もうと努力を重ねていれば、お釈迦さんは必ず慈悲の心で救ってくださる。また、悪しき心をできるだけ抑え、美しい善き心が発露するように努めていくことが、心を浄め、磨き、高めることにもなると思うのです。

私は二〇〇五年から、托鉢と辻説法を行っています。事の発端は、妙心寺の本山で行われる微笑会《みしょうかい》という信徒の集まりです。私は生意気にも、本山の偉いお坊さんたちにこんなご提案をしました。

「禅宗のお坊さん方が座禅三昧で修行をお勤めになることも大変立派ですが、一般の迷える市民の皆さんに、お釈迦さんの法、教えを説いて、人々を善導するような活動もすべきだと思うのです。世の中ではいま、各界で不祥事が頻発しています。幼い子どもが命を奪われるような凶悪事件も多発しています。これだけ社会が乱れているのですから、お寺に籠っているだけではなく、町へ打って出て、辻説法のようなことをされてはどうでしょう」

これに賛同いただいた二人のお坊さんと私の三人で、托鉢と辻説法が始まりました。これまでに、島根県の出雲、松江など宍道湖《しんじこ》周辺と、愛媛県の松山から今治にかけての地域を回り、現地で参加してくださった十人くらいの妙心寺派の末寺のお坊さんたちとともに、「連鉢」を行いました。商店街を「ほうほう」という特有の声をあげながら托鉢して歩き、いただいたお布施は、地元の児童福祉施設に寄付しています。この托鉢を

島根県で辻説法を行う（2005年）

続けているうちに、私の心も清々しくなり、本当にいい修行をさせていただいていることを実感しています。

辻説法では、「人はどう生きるべきか」について、私が仕事の困難や人生の悩みを克服してきた経験談や、昨今の社会現象などを例にひきながら、道行く人たちにお話をしています。必ずしも皆さんが立ち止まって聞いてくださるわけではないのですが、さまざまなことで思い悩む方々の心に私の話が届き、いささかなりとも解決の糸口を見出していただけるならばと考え、今後もできるだけ続けていくつもりです。

富は社会からの預かり物

魂の旅立ちという、人生の新しいステップへの準備を思い至ったのと同じころ、私は社会貢献活動にそれまで以上の情熱を注ごうと思うようになりました。

京セラを作っていただき、その経営に携わり大株主となったことから、上場後、結果として私は、思いもよらず世間一般で言われるところのお金持ちになっていました。常に仕事には「ど真剣」、誰にも負けない努力を続けてきたという自負はありますが、私がお金持ちになる必然性はありません。たまたまそういう巡り合わせになっただけのことです。

もし、そうは思わず、富を自分の才覚で獲得したものだと考えたら、つい贅沢をして、自分自身を堕落させてしまうことになったかもしれません。しかし、それは私の生き方に反するので、いつしか、

「私が頂戴した富は、稲盛和夫という男が社会から預からせていただいたものだ。なる

べく早い時期に、社会へ還元していこう」

と考えるようになりました。その気持ちの表れが、「稲盛財団」であり、「京都賞」です。稲盛財団を設立した直接のきっかけは、一九八一年に「伴記念賞」を受賞したことでした。この賞は、東京理科大学の伴五紀《ばんいつき》教授が技術開発で貢献のあった人を顕彰するもので、伴教授は自分の特許収入を使って、この事業を運営されていました。

それまでにも私は、技術者また経営者として、さまざまな賞をいただいたことがありました。褒められると嬉しいもので、嬉々として授賞式に臨んでおりました。ところが、伴記念賞のときは、賞状と副賞のクリスタルグラスの大きな花瓶を胸に抱きながら、何だか妙な気持ちに襲われました。私のなかにいる別の私がこうささやくのです。

「お前は賞をもらうのではなく、あげる立場に回るべきではないのか。事業も成功し、社会からお預かりしている富もありながら、嬉々としてもらう側にいるのはおかしいのではないか」

どう考えても、別の私の言うことが正しい。私は本当に恥ずかしいと思い、その正直な気持ちを「京都会議」の面々に打ち明けました。

京都賞受賞式

「京都会議」というのは、哲学者の田中美知太郎さんを座長に、学者と経済人が知的交流をする集まり。京都大学の矢野暢《とおる》教授と私が中心になってメンバーを集め、三カ月に一度くらいの割合で祇園のお茶屋さんなどで開いているものです。藤澤令夫《のりお》、岡本道雄、福井謙一、広中平祐《へいすけ》、伊谷純一郎、佐藤文隆、河合隼雄さんら、そうそうたる京都学派の先生方がメンバーで、互いの専門分野を越えて、人類にとって必要な新しい哲学、叡智を求めて活発な議論を交わしています。

彼らは、顕彰事業を起こしたいという私の考えに大賛成。「日本には、立派な研究や技術開発に携わった人を顕彰する機会が少ない。

ぜひ、おやりなさい。そしてやる以上は、ノーベル賞のような世界的な賞を目指すべきだ」と応援してくださいました。

こうして一九八四年に稲盛財団を設立し、「京都賞」が創設されたのです。現在、京都賞が対象としているのは、先端技術、基礎科学、思想・芸術の三部門。人知れず道を究める努力を払い、世界の文明、科学、精神的深化のために大きく貢献した方々にお贈りしています。

受賞者に贈られるメダル

本賞も、もう今年で二十二回を数えますが、当初から世界的な賞として認知されるとともに、何より嬉しいのは、多くの受賞者が賞金を社会のために役立ててくれていることです。たとえば、映画監督のアンジェイ・ワイダ氏は母国ポーランドに日本美術センターを建てました。アメリカの生物学者ダニエル・ジャンセン氏は熱帯林保全のための基金としました。宇宙物理学者の林忠四郎氏は、天文学会に林基金を

●京都賞 歴代受賞者

	先端技術部門	基礎科学部門	思想・芸術部門*1
第一回*2（一九八五年）	ルドルフ・カルマン（アメリカ）	クロード・シャノン（アメリカ）	オリヴィエ・メシアン（フランス）
第二回（一九八六年）	ニコル・ルドワラン（フランス）	ジョージ・ハッチンソン（アメリカ）	イサム・ノグチ（アメリカ）
第三回（一九八七年）	モーリス・コーエン（アメリカ）	ヤン・オールト（オランダ）	アンジェイ・ワイダ（ポーランド）
第四回（一九八八年）	ジョン・マッカーシー（アメリカ）	アブラム・チョムスキー（アメリカ）	パウル・ティーメ（ドイツ）
第五回（一九八九年）	エイモス・ジョエル Jr.（アメリカ）	イズライル・ゲルファント（ロシア）	ジョン・ケージ（アメリカ）
第六回（一九九〇年）	シドニー・ブレンナー（イギリス）	ジェーン・グドール（イギリス）	レンゾ・ピアノ（イタリア）
第七回（一九九一年）	マイケル・シュワルツ（アメリカ）	エドワード・ローレンツ（アメリカ）	ピーター・ブルック（イギリス）
第八回（一九九二年）	モーリス・ウィルクス（イギリス）	西塚泰美（日本）	カール・ポパー（イギリス）
第九回（一九九三年）	ジャック・キルビー（アメリカ）	ウイリアム・ハミルトン（イギリス）	ヴィトルト・ルトスワフスキ（ポーランド）
第十回（一九九四年）	ポール・ラウターバー（アメリカ）	アンドレ・ヴェイユ（フランス）	黒澤 明（日本）
第十一回（一九九五年）	ジョージ・グレイ（イギリス）	林 忠四郎（日本）	ロイ・リキテンスタイン（アメリカ）
第十二回（一九九六年）	ドナルド・クヌース（アメリカ）	マリオ・カペッキ（アメリカ）	ウィラード・クワイン（アメリカ）
第十三回（一九九七年）	フェデリコ・ファジン（イタリア） スタンレー・メイザー（アメリカ） マーシャン・ホフ Jr.（アメリカ）	ダニエル・ジャンセン（アメリカ）	イアニス・クセナキス（フランス）

	嶋 正利（日本）	伊藤 清（日本）	ナム ジュン・パイク（アメリカ）
第十四回（一九九八年）	クルト・ヴュートリッヒ（スイス）	ウォルター・H・ムンク（アメリカ）	モーリス・ベジャール（フランス）
第十五回（一九九九年）	W・デービッド・キンガリー（アメリカ）	ヴァルター・ゲーリング（スイス）	ポール・リクール（フランス）
第十六回（二〇〇〇年）	アントニー・ホーア（イギリス）	ジョン・メイナード＝スミス（イギリス）	ジェルジ・リゲティ（オーストリア）
第十七回（二〇〇一年）	ジョレス・アルフェロフ（ロシア）		
	林 厳雄（日本）		
	モートン・B・パニッシュ（アメリカ）		
第十八回（二〇〇二年）	レロイ・フッド（アメリカ）	ミハイル・グロモフ（フランス）	安藤忠雄（日本）
第十九回（二〇〇三年）	ジョージ・ホワイトサイズ（アメリカ）	ユージン・パーカー（アメリカ）	吉田玉男（日本）
第二十回（二〇〇四年）	アラン・ケイ（アメリカ）	アルフレッド・クヌッドソン Jr.（アメリカ）	ユルゲン・ハーバマス（ドイツ）
第二十一回（二〇〇五年）	ジョージ・H・ハイルマイヤー（アメリカ）	サイモン・レヴィン（アメリカ）	ニコラウス・アーノンクール（オーストリア）
第二十二回（二〇〇六年）	レナード・ハーツェンバーグ（アメリカ）	赤池弘次（日本）	三宅一生（日本）
第二十三回（二〇〇七年）	井口洋夫（日本）	金森博雄（日本）	ピナ・バウシュ（ドイツ）
第二十四回（二〇〇八年）	リチャード・カープ（アメリカ）	アンソニー・ポーソン（カナダ・イギリス）	チャールズ・テイラー（カナダ）
第二十五回（二〇〇九年）	赤﨑 勇（日本）	ピーター・グラント（イギリス）	ピエール・ブーレーズ（フランス）
		バーバラ・グラント（イギリス）	

＊1　第1回から第15回までは「精神科学・表現芸術部門」とされていた
＊2　第1回は3部門のほか、特別に京都賞創設記念特別賞を設け、ノーベル財団（スウェーデン）に贈呈

発足させました。

当初は意識していなかった、このような「善」の連鎖が京都賞から起こることが、私にとっては一番喜ばしいこと。「世のため人のため」にと願い、賞を創設した者にとって、まさに冥利に尽きます。

パープルサンガの選手に「生き方」を説く

私は地域貢献にも積極的に取り組んでいます。

地元のサッカーチーム、京都パープルサンガ（現・京都サンガF.C.）を支援しているのも、その一つです。

Jリーグが誕生して間もない十数年前のことでした。京都市民の間で「京都にもプロサッカーチームを！」という声が高まり、市民の会の代表者が二十五万人の署名を集めて私のところに陳情に来られました。

私はサッカーのサの字も知りません。いったんお断りしたものの、そのうちJリーグや京都のサッカー協会、体育協会などからも支援の依頼が届き、だんだん逃げられなくなってしまいました。渋る私の背中を押したのは、市民の皆さんが猛烈にJ1を目指すサッカーチームを求めている、その情熱です。大阪や神戸と違ってプロ野球球団もない京都だからこそ、若者を中心に市民がこぞって燃えるスポーツに恋焦がれていたのでしょう。

そんな経緯でスポンサーになったわけですが、ホームゲームに欠かさず足を運ぶうち、サッカー音痴だった私もすっかりはまってしまいました。格闘技に近いような、闘争心あふれる試合ぶりは、ハラハラドキドキの連続です。勝てば嬉しくてしようがないし、負けると悔しくてたまらない。しかも、サンガはJ1とJ2を行ったり来たりで、心の休まる暇がありません。正直、しんどいです。それでも楽しくて、いまではもう病みつきになっています。

試合のない日には、城陽のグラウンドまで自分で車を運転していき、練習を見学することもあります。その後、選手たちを集めて講義をし、「焼肉でも食おう」と引き連れて出かけることもあります。そういう席ではたとえば、こんな話をします。

「オーケストラでは、誰か一人が変な音を出すと、それだけでハーモニーが崩れて、演奏が台無しになる。そんなとき指揮者はきっと、『何だ、いまの音は！』と厳しく叱るだろう。その気持ちが私にもよくわかる。サッカーも客席の上から見ていると、誰が緩慢なプレーをして一糸乱れぬチームのハーモニーを乱しているかがよくわかる。そんな選手がいると、私は許せない。一つの音符もおろそかにしないオーケストラと同じで、サッカーも九十分のプレー中は一瞬たりとも気を抜くことは許されないはずだ」

また、サッカーは選手生命が三十五歳くらいまでと短い半面、二十代前半で数千万円の年俸を手にする人も珍しくありません。しかし、引退して会社勤めになると、それだけのお給料をもらうのは、とても大変なことです。そこを心配して、私は若い選手たちに事あるごとに説教をします。

「君の年俸は一流会社の重役さんがもらえるか、もらえないか、というくらい高いんだよ。いまはチヤホヤされているが、サッカーしか知らない君が三十五歳で引退したあとはどうなると思う？　テングになっていると、安い給料に耐えられずに職を転々として、惨めな人生を送ることになる。そうならないためにも、勉強する時間はなかなかとれないだろうから、せめて人間性だけは磨きなさい。世のため人のために尽くそうという美しい心を持った人に育ち、たとえ給料が十分の一になっても、雇い主に『ありがとうございます』と感謝して一生懸命働けるような立派な人になりなさい」

こういう話をするのも、彼らのあとあとを考えてのこと。必ず「サンガにいてよかった。人間教育をしてもらえてよかった」と思ってもらえる日がくると信じているので、「聞く耳を持たなくても、聞け！」と無理矢理話をしています。言ってみれば、父親のような気持ちです。

最初のころは半分眠っている選手もいましたが、いまはみんな、目を輝かせて熱心に私の話を聞いてくれます。盛和塾で経営者たちに講話をするのも、サンガの選手たちに説教をするのも、みんなに美しい心で生き、幸せになってほしいがためなのです。

「ど真剣」こそ我が信条

「得度をしたあとは、実社会にお戻りなさい。お釈迦さんの教えを実業界で生かすこと、社会に貢献することが、あなたにとっての本分、仏の道でしょう」

これは、擔雪猊下のお言葉です。その教え通り、私はいまもさまざまな雑務に追われ、また前述したような社会貢献活動に挺身し、さらには在家の僧として毎朝の「お勤め」につとめています。

これまで述べてきたように、そのような私にとっての「仏の道」とは、社会に身を置きながら、「人生の真の目的は、慈悲に満ちた優しく美しい心を育て、ささやかでもいいから世のため人のために尽くし、自分の魂を磨いていくことにある」と人々に説き続けることなのかもしれません。

私たちは「不安の時代」を生きています。物質的な豊かさを手に入れても、精神的な豊かさは感じられず、多くの人が生きる目的を見失っているように見えます。だからこそ、「何のために生きるのか？」という根本的な問いと真正面から向き合うことが、いま必要だと私は考えています。

足ることを知らず、際限なく欲望を募らせ、財産、地位、名誉などを欲しがるのが人間の性です。しかし、そういうものをいくら手に入れても、決して満足することはできません。ましてや、あの世に持っていくことなどできやしません。ただ一つ、決して滅びないもの、それが「魂」です。私たちは、その「魂」だけを携えて、新しい旅立ちをすることができるのです。ならば「生まれたときより少しでも美しく崇高な魂を持って死んでいく」ことが人生の目的ではないでしょうか。私はそう思います。

では、魂を磨くには具体的にどうすればいいのでしょう。決して特別な修行など必要ありません。大切なのは、日々懸命に働くこと、お釈迦さんの説かれる「精進」です。労働とは単に、生活をするための糧を得る手段ではありません。欲望に打ち勝って、心を磨き、人間性を高めていくことができる、崇高な行為なのです。仕事の現場こそが精神修養の場であり、日々精魂込めて働くことが魂を磨くための修行となるのです。

「毎日を『ど真剣』に生きなくてはならない」

これは私が社員や盛和塾塾生によく言う言葉で、私自身の信条でもあります。一度きりの人生を真摯な姿勢で「ど」がつくほど真剣に生き抜いていく、そのたゆまぬ継続が人生を好転させ、高邁な人格を育み、生まれ持った魂を美しく磨き上げていくのです。

私はそう信じていままで生きてきました。また今後も、自分の魂が美しい魂として旅立っていけるように、さらに研鑽を重ねていきたいと思っています。皆さんにもぜひ、このことを心に留めて生きていただければと願っています。

インタビュー採録④

人生の真の目的

——いま、私がこうして話を聞いていてもそうですが、稲盛さんはどんな世代の方にも、どんな立場の方にも、同じように真剣に向き合って話をしてくださるという印象があります。それはどこからくるものなんでしょうか。ここまでの立場になられて、年齢もかなり重ねられて、それでも誰とでも真剣に向き合える、話ができるのはなぜでしょうか。ご自分でどう分析されますか。

稲盛　そういう質問は受けたことがないですね。もともと私には几帳面で生真面目なところがあるんだと思いますが、私が一番嫌いなのは威張っている人なんです。特に謙虚さのない人といいますか、若い者には横柄な口をきいて相手にしないとか、相手を見て態度を変える人は嫌いなんですね。

ですから、地位がどう違おうと、年齢がどう違おうと、相手がどんな方でもまじめに誠実に対応するのは、私にとっては当たり前のことです。もともと私の性格がそうなものですから、べつに気張ってやっているわけではありません。どうしてもそうなってしまうんですけれども。

――よく稲盛さんは「ど真剣」という言葉を使われますよね。真剣に「ど」がつくくらいというのは。

稲盛　いいかげんな人は嫌いなんですね。いいかげんなことで人生うまくいくはずがないと思うものですから。スポーツであれ、経営であれ、学問であれ、何をするときでも真剣さというのは大事だと思うのです。それも「ど」がつくほど。

だから、経営者の方々がよく「経営がうまくいってません」などと相談に見えるんですが、お話を聞いてみると、まったくいいかげんな経営をしていると思うこともしばしばですね。それで「経営にどこまで真剣に打ち込んでいますか。自分のことをすべて投げうってでも、という気持ちがありますか。そんないいかげんなことではいけませんよ」と言いますと、「いや、自分では一生懸命やっているつもりです」とおっしゃる。そういう方には、さらにこう言います。「私に言わせれば、あなたは経営を片手間でやっているようにしか思えませんよ。どこまでど真剣に自分の仕事をやっているか、よく考えてごらんなさい」

そんなことを私は講演でもよく言いますね。ど真剣に人生を生きておれば、よしんば失敗してもあきらめがつきます。ところが、どこかで手を抜いて失敗すれば、ああやればよかった、こうやればよかったと、のちに悔いを残すことになるんです。

私は若いころから、研究開発でもスポーツでも、何をするにしてもど真剣に取り組んできました。そういう生き方をしてきたものですから、いまでもそれが習い性になって変わらないんだと思います。

――だから、人と接するときにも同じようにど真剣に向き合っていらっしゃ

るんですね。

稲盛　そうです。

――　最後に、人は何のために生きるのか。非常に難しいテーマだと思うのですが、改めて稲盛さんにお聞きしてみたい。人は何のために生きるのでしょうか。

稲盛　社会のため、他人のために何か貢献をする、それがこの世に生をうけた意義ではないかと思っています。ですから皆さんにも、ささやかでもいいから世のため人のために貢献する、そういう人生を生きてほしい。それが、生きることの意義なんだと思います。

同時に、自分の魂を磨き、自分の心を慈悲に満ちた優しい美しい心に変えていくことにこそ、人生の目的があると思っています。それ以外にはないでしょう。

たとえば、学者として研究を重ね、立派な成果を出される。あるいは経営者として経営に努め、立派な会社を作り上げる。いろいろなことがありますが、それはある種の人生の目的ではあっても、最終的な目的ではないと思います。

私は、自分の魂をより美しい魂に変えていく。それが人生の真の目的だと信じて疑いません。

人間は等しく死というものを迎えますが、それは魂の新しい旅立ちです。その準備のために美しい魂にしていくことが必要なのです。そのためにはまず、その人の心が美しくならなければいけません。美しい心にしていこうと努力をし、心が美しいものになっていけば、その人の魂も人間性も美しいものに変わっていくんです。

たとえば、「若いころはああいう人ではなかったのに、年を経るにしたがってすばらしい人格に変わった」というようなことがあります。人格も現世で生きている間にいい方向にも悪い方向にも変わっていくんですね。子どものころの性格がそのまま一生続くのではありません。人生の荒波を生きていくなかで、いろいろな経験をし、いろいろなことを心に思うことで、人格が変わっていくんですね。

美しい心にする努力をしていますと、魂が美しくなるだけではなしに、生きている現世においても人生は好転していくと、私は思っています。だから、「もしあなたがすばらしく美しい幸せな人生を送りたいと思われるなら、まずあなたの心を少しでも美しいものにしなさい。そうすれば、その心の反映として、あなたの人生も美しいもの、すばらしいものになっていくはずです」と言いたい。

そう心掛け、ど真剣に生きることで、魂も磨かれていき、死ぬときに美しい魂を携え、あの世へ旅立っていけるようになるんです。

どんなときも「ど真剣に生きることが、充実した人生をもたらし、魂を磨き上げていく」という信念が揺らぐことはない

寄稿

心に沁みた稲盛さんの言葉

藤井彩子（NHKアナウンサー）

インタビューを行ったのは、二〇〇六年。私が三十六歳のとき。NHK「知るを楽しむ　人生の歩き方」でのこのインタビューは、私個人にとっても、人生の大きな転機となりました。

転機の一つ目めは、仕事について。

このインタビューをきっかけに経営や経営者に興味を持ち、のちに、企業経営者を招いてお話をうかがう「ビジネス新伝説・ルソンの壺」（関西地域を中心に現在もNHK総合テレビで放送中）という番組に立ち上げから携わり、キャスターを務めることになりました。

もう一つは、まさにそのタイトル通り、「人生の歩き方」について。

生きていくうえで、大事にし、曲げてはならないもの。

山も谷もあるなかで、何をどのように考え、前に進むべきか。

これらを稲盛さんの言葉を通して、体得・吸収したことで、私の「人生の歩き方」は、それまでよりずっと、確かな足取りになりました。


お会いする前、私はとても緊張していました。なにしろあの稲盛和夫さんです。

京セラを、自らの腕だけでゼロから作り上げ、世界的な企業にまで押し上げた敏腕経営者。その一方で、盛和塾で夥《おびただ》しい数の経営者にアドバイスをし、京都賞を創設した社会貢献者。得度し、仏の道で自らの精神を高めた修行者……。

しかし、初めてお目にかかったとき、その謙虚な話しぶりと穏やかな表情に、緊張と、事前に抱いていたイメージは吹き飛びました。どの肩書きにも当てはめられない「大きさ」を感じたのです。

「この人の『人間力』の秘密を知りたい」

興味と好奇心――少しカッコつけた言葉で表しますと、「ジャーナリスト魂」に火が点きました。

インタビューは四回、合計十二時間にわたって行われました。

これだけ長い時間一人の方にお話をうかがったのは、後にも先にもこのときだけです。聞く側の私のほうは、仕事を超えた興味と熱意でまったく苦になりませんが、お応えになる稲盛さんは大変だったのではないでしょうか。よくここまで、真摯に、まじめに応えてくださったなぁ……と改めて感謝の気持ちでいっぱいです。

このインタビューのクライマックスだったと私が感じているのは、

「理念を曲げてまで生き延びても意味がないんです」

と、稲盛さんが言いきったときです。

経営者がここまで言いきるのにどれほどの覚悟と勇気が必要か……それは、門外漢の私でもわかります。しかし、このときの稲盛さんの言葉に、淀《よど》みや迷いはありませんでした。まっすぐに、私の眼を見ておっしゃいました。

「真の経営とはこれだ。そして、これは人間の生き方も同じだ」

そう思い、身震いするような凄味を感じたのです。

今回この本の出版にあたり、稲盛さんご自身も、このインタビューを振り返られてこの部分を一番よく憶えておいでだと聞き、「自分のあのときの感覚は間違っていなかったのだ」と改めて感じました。加えて「あのときの藤井さんはしつこかった（笑）」ともおっしゃっていたそうで、なんだか、申し訳なくもあり、聞き手として嬉しくもあり……。

インタビューを終えたあと、稲盛さんは、私どものために一席設けてくださいました。会場は、インタビューを行った京セラの施設の一角。そこへ登場したのは、なんと京都で有名な某チェーン店の餃子！　稲盛さんの大好物なのだそうです。京セラの社員の皆さん、私どもＮＨＫのスタッフも一緒に、畳の部屋で輪になって、餃子を肴に瓶ビールを酌み交わしました。

「私はこれが大好きでねぇ。妻には、年齢を考えてくださいって止められるんだけど」

と、笑顔で餃子を頬張る稲盛さん。和やかな雰囲気に、インタビューでは聞けなかったお話も飛び出しました。……ん？　まさにこれは「京セラ流コンパ」！　なんだか「仲間だ」と認めていただけたような気がして、本当に嬉しかったです。このときの餃子のお味は、一生忘れられないでしょう。

四年を経て四十歳になったいま、改めてあのときのインタビューを振り返って、当時は感じられなかったことも感じています。

一つには、今日の私たちを取り巻く経済状況を見渡したとき。

グローバル化が進むなか、日本の企業もアメリカ化が進み、徐々に日本固有の企業文化が失われていきました。さらに、バブル崩壊後の不況、そして世界同時不況を経て、日本の経済界は希望を持てなくなってしまいました。

誰もが「日本流」に自信を失っています。

そんないまだからこそ、正直に、「ど真剣」に自分と向き合い、自分流を貫く稲盛さんの考えとやり方が注目されるのだと思います。

稲盛さんのお考えの根底に流れるもの、それを、私流に表現すると「愛」だと思います（手垢のついた、クサい表現かもしれませんが）。会社愛、社員への愛、取引先への愛、ひいてはM＆Aの相手に対する愛。そんな、ウエットな、ちょっとカッコ悪い言葉こそが、いまを生き抜く、否、いつの時代をも生き抜くカギのような気がしています。

稲盛さんご自身、いま、日本航空の再建という大きな課題と向き合っていらっしゃいます。しかし、必ずやご自分のやり方でこの難局を切り抜けられるものと確信し、期待しています。

それと、もう一つ。

「どこまでど真剣に自分の仕事をやっているか、よく考えてごらんなさい」

この言葉が胸に刺さりました。三十六歳の私は、まだがむしゃらでした。

四十歳の私も、真剣に仕事をしています。ただ、本当に「ど真剣」にやっているのか……。ある程度、仕事をこなせるようになったいま、「ど真剣」ではない仕事もあったかもしれない。そう思い至り、猛省でした。

どうやらこの本は、私にとって、いつも傍らに置いて、折に触れて読み返し、自分に問いかける、そんな存在となりそうです。

藤井彩子（ふじい・あやこ）
NHKアナウンサー。1969年生まれ。東京都新宿区出身。青山学院大学文学部卒。1993年NHK入局。1999年女性として初めて甲子園での高校野球実況全国放送。「ニュース10」「おはよう日本」スポーツキャスター、「きょうのニュース＆スポーツ」キャスターなどを担当。趣味は、ランニングと料理。最近では、大好きなシングルモルトに合うおつまみを研究中。

略年譜

西暦	年齢	おもな出来事
1932年	0歳	鹿児島市薬師町に生まれる（七人兄弟の次男坊として）〈五・一五事件〉
1938年	6歳	鹿児島市立西田小学校に入学
1944年	12歳	西田小学校を卒業し、鹿児島第一中等学校を受験するが失敗し、国民学校高等部に入学
1945年	13歳	肺浸潤で病床に伏せっているときに、宗教の本を読み、心のありようを考えるきっかけになる 担任の先生の勧めにより、私立鹿児島中学校を受験し、進学 空襲により実家を焼失〈ポツダム宣言受諾・終戦〉
1948年	16歳	鹿児島市高等学校第三部に進学
1951年	19歳	大阪大学医学部薬学科の受験に失敗し、鹿児島大学工学部応用化学科に入学〈サンフランシスコ講和条約調印〉
1954年	22歳	不況による就職難のなか、教授の紹介で松風工業へ就職が内定

1955年	23歳	鹿児島大学を卒業後、京都の碍子製造会社、松風工業に入社	
		特殊磁器（ニューセラミックス）の研究に携わる	
1958年	26歳	上司である技術部長と技術開発の方針で衝突し、松風工業を退社	
		青山政次氏とその友人の西枝一江氏、交川有氏らの支援により、新会社設立を決意	
1959年	27歳	京都セラミック株式会社を創業	〈皇太子明仁親王（今上天皇）ご成婚〉
1961年	29歳	社員の団体交渉を機に経営理念を確立	
1962年	30歳	最初の海外出張で渡米	〈キューバ危機〉
1963年	31歳	滋賀蒲生工場を新設	
1966年	34歳	ＩＢＭよりＩＣ用サブストレート基板を大量に受注	
		京都セラミック社長に就任	
1969年	37歳	鹿児島川内工場を新設し、ＩＣ用セラミック多層パッケージを生産	
		米国に現地法人ＫＩＩを設立	〈アポロ11号月面着陸〉
1971年	39歳	大阪証券取引所第二部、京都証券取引所に株式上場	
1972年	40歳	鹿児島国分工場を新設	〈沖縄返還／日中国交正常化〉
1973年	41歳	全社員による香港旅行を実施	〈第一次オイルショック〉

1974年	42歳	東京、大阪証券取引所第一部に指定替え オイルショック後の不況を乗り切るため、全員営業、経費削減の徹底などを実施
1975年	43歳	ジャパン・ソーラー・エナジー株式会社（JSEC）を設立し、太陽電池の開発を開始　〈ベトナム戦争終結〉
1976年	44歳	米国預託証券（ADR）を発行
1978年	46歳	「バイオセラム」の商標でセラミック製人工歯根の販売を開始　〈成田空港開港〉
1979年	47歳	トライデント（電子機器メーカー）、サイバネット工業（通信機器メーカー）への支援決定
1981年	49歳	ニューセラミックの発展に対する貢献により、伴記念賞名誉賞を受賞
1982年	50歳	社名を「京セラ株式会社」とする
1983年	51歳	若手経営者のための経営塾、「盛友塾」（「盛和塾」の前身）が発足
1984年	52歳	私財を投じて稲盛財団を設立、理事長に就任 第二電電企画株式会社を設立、会長に就任
1985年	53歳	セラミックス製人工膝関節の薬事法違反問題で世間の糾弾を受ける 京セラ会長職を兼務 第一回京都賞授賞式挙行　〈電電公社民営化、日本電信電話株式会社（NTT）発足〉

1986年	54歳	京セラ会長職に専任
1987年	55歳	関西セルラー株式会社（携帯電話通信業者）を設立 〈国鉄分割民営化、JR各社発足〉
1989年	57歳	エルコ（電子機器用コネクタメーカー）を買収 〈昭和天皇崩御、元号が昭和から平成へ／消費税導入〉
1990年	58歳	AVX（電子部品メーカー）が京セラグループに参加 〈東西ドイツ統一〉
1991年	59歳	第三次行革審「世界の中の日本」部会長就任 「盛友塾」から「盛和塾」に名称変更 〈湾岸戦争勃発〉
1994年	62歳	DDIポケット企画株式会社（PHS通信事業者）を設立 「京都パープルサンガ（現・京都サンガF.C.）」の設立を支援 株式会社ホテル京セラを設立
1995年	63歳	京都商工会議所会頭就任 〈阪神・淡路大震災発生〉
1997年	65歳	京セラ、第二電電の会長職を退き、取締役名誉会長に就任 臨済宗妙心寺派円福寺にて得度 〈香港、中国へ返還〉
2000年	68歳	三田工業（複写機メーカー）を支援し、京セラミタ発足

2000年	68歳	DDI、KDD、IDOが合併し、KDDI発足 KDDIの名誉会長に就任
2001年	69歳	京都商工会議所会頭退任、名誉会頭就任 KDDIの最高顧問に就任 〈アメリカ同時多発テロ事件〉
2002年	70歳	アブシャイア・イナモリ・リーダーシップアカデミーを設立 〈日韓ワールドカップ開催〉
2003年	71歳	盛和福祉会、稲盛福祉財団を設立 アンドリュー・カーネギー博愛賞を受賞 〈イラク戦争勃発〉
2004年	72歳	「中日友好の使者」の称号を中日友好協会より授与される 児童養護施設・乳児院「京都大和の家」を開設
2005年	73歳	鹿児島大学に「稲盛経営技術アカデミー」を設立 京セラの取締役を退任
2007年	75歳	稲盛財団が京都大学に「稲盛財団記念館」の寄付を発表 米国・ケースウェスタンリザーブ大学に「倫理と叡智のための稲盛国際センター」を開設 〈世界金融危機の顕在化〉

2008年	76歳	九州大学で「稲盛財団記念館・稲盛フロンティア研究センター奨学寄付金」の贈呈式を実施 盛和塾塾生が五千名を突破
2009年	77歳	これまでの起業家としての実績や社会貢献活動などが評価され、フランスで世界起業家賞を受賞〈民主党政権誕生〉
2010年	78歳	日本航空会長に就任 内閣特別顧問に就任 中国における盛和塾活動を推進するため、「稲盛和夫(北京)管理顧問有限公司」が設立される

編集協力／千葉潤子
写真提供／［カンザキスタジオ］神崎順一（16、35（上）、40頁）
［ライブワン］菅野勝男（153頁）
稲盛財団（136、137頁）
校正／鶴田万里子
本文組版／㈱ノムラ

稲盛和夫
（いなもり・かずお）

1932年鹿児島県生まれ。鹿児島大学工学部卒業。59年京都セラミック株式会社（現京セラ）を設立。社長、会長を経て、97年より名誉会長を務める。また84年に第二電電（現ＫＤＤＩ）を設立し会長に就任、2001年より最高顧問。10年日本航空会長就任、12年より名誉会長。84年には稲盛財団を設立し、「京都賞」を創設。経営塾「盛和塾」の塾長として経営者の育成にも心血を注いでいる。

[稲盛和夫オフィシャルホームページ]
http://www.kyocera.co.jp/inamori

ＮＨＫ出版　生活人新書　327

ど真剣に生きる

二〇一〇（平成二十二）年九月十日　第一刷発行
二〇一三（平成二十五）年六月十日　第六刷発行

著者　稲盛和夫

発行者　溝口明秀
発行所　ＮＨＫ出版
〒一五〇―八〇八一　東京都渋谷区宇田川町四一―一
電話　（〇三）三七八〇―三三二八（編集）
　　　（〇五七〇）〇〇〇―三二一（販売）
http://www.nhk-book.co.jp　（ホームページ）
振替　〇〇一一〇―一―四九七〇一
装幀　山崎信成
印刷　三秀舎・近代美術　製本　三森製本

ISBN978-4-14-088327-3 C0234

楽しく読める。役に立つ。──生活人新書　好評発売中!

268 **痴漢冤罪の恐怖**「疑わしきは有罪」なのか?
●井上 薫
「ちゃんと話せば分かってもらえる」は大間違いだ! 警察も裁判官もまともに取り合ってくれない、「痴漢冤罪の恐怖」とは。

269 **英語がうまくなる人、ならない人**●田村明子
英語がうまくならないのは、なぜ? 英語がうまくなるための秘訣は何? 英語がより一段階進歩するためのコツを伝授します。

270 **思いやり格差が日本をダメにする**
支え合う社会をつくる8つのアプローチ●稲場圭信
他者との繋がりを取り戻し、互いに支え合う社会をつくるには何が必要か。私たち自身の生き方を、「思いやり」の視点から問い直す。

271 **ケータイ不安** 子どもをリスクから守る15の知恵
●加納寛子　加藤良平
ケータイ・ネットへの不安は、情報モラルとリテラシーの基本を知れば解消できる。親として、身につけておきたい15の知恵を紹介。

272 **弁慶はなぜ勧進帳をよむのか** 日本の精神文化と仏教
●小峰彌彦
意外に知られていない大衆芸能と仏教の強い結びつき。歌舞伎や能などの中に息づく仏教の諸相を明快に解き明かす。

273 **うわさの日本史**●加来耕三
火のないところに煙は立たない。日本史上を駆け巡った幾多の「うわさ」の真相に迫り、歴史のミステリーとロマンを現代に伝える知的興奮の書。

274 **中国という難問**●石川 好
中国で体感した、その大きさ、広さ、深さ、多さ。「不思議の国」の実像に迫り、日本人の中国観、隣国との付き合い方に再考を促す。

275 **アジア人との正しい付き合い方** 異文化へのまなざし
●小竹裕一
アジアの隣人たちを恐れるのではなく、彼らといかにうまく付き合っていくのか。移民受け入れ時代の日本を考える出色の異文化入門。

276 **金融大崩壊**「アメリカ金融帝国」の終焉 ●水野和夫

未曾有の金融クライシスの本質は何であるのか、そして、世界と日本の今後はどうなっていくのか。気鋭エコノミストが鮮やかに読み解く。

277 **人生の質を高める時間術** ●野村正樹

仕事の効率を高め、浮いた「時間資産」を私生活の充実に転用する。自分の人生を取り戻すための、とっておきの時間活用術。

278 **デジタルネイティブ** 次代を変える若者たちの肖像

●三村忠史　倉又俊夫　NHK「デジタルネイティブ」取材班

ネットで繋がり、新たな価値や事業を生み出す新世代の若者たち。世界を一変させる可能性を秘めた彼らを追うNHKスペシャルの出版化。

279 **ブッダの詩《ことば》** 知恵と慈悲のかたち ●奈良康明

情報や知識を得ることのみに性急な現代人。どこかに置き忘れた「心」の大切さ。やわらかな言葉でブッダ永遠の真理がいま甦る。

280 **名将の品格** ●火坂雅志

上杉謙信から受け継いだ義の心を発展させた直江兼続は、仁愛の境地に達する。大河ドラマの原作者が上杉家にみる義と愛の精神を語る。

281 **人生を幸福で満たす20の方法**

●三宮麻由子

絶望の中でも生き抜いてみよう！そこにきっと幸せが待っている。幼くして視力を失ったエッセイストが綴った渾身の体験的幸福論。

282 **ことわざで学ぶ仏教** ●勝崎裕彦

難解とされる仏教の教義や思想を日常生活に引き寄せ、時に笑いながら、時にうなずきながら、ことわざから学ぶ楽しい仏教入門。

283 **雇用大崩壊** 失業率10％時代の到来 ●田中秀臣

戦後最悪の経済不況のなか、気鋭の経済学者が、働く人々の不安と希望の喪失という現状を描き出し、解消の道を探る緊急提言の書。

284 聞き書き **ダライ・ラマの真実** ●松本榮一

肉体を通して語られた言葉より、ダライ・ラマの素顔、そして思想の核心へと迫っていく。亡命から50年、守り続けてきたものとは。

285 **脳活！漢字遊び** ●馬場雄二

「直観系」「分解系」「観察系」など、6つの「脳力」を鍛える漢字パズル。漢字の魅力を再発見する、遊び心あふれる100問を収載。

286 プロフェッショナルたちの脳活用法
●茂木健一郎 NHK「プロフェッショナル」制作班
『プロフェッショナル』の番組で出会ったプロたちの仕事への取り組み方を、脳科学で読み解き、誰もが使える〝脳活用法〟として伝授。

287 王貞治に学ぶ日本人の生き方●齋藤 孝
野球人としての軌跡を振り返りつつ、人間王貞治の魅力に迫り、その謙虚さ、情熱の強さに、理想の日本人像を見出す。

288 オバマの言語感覚 人を動かすことば●東 照二
「この人は信頼できる」と思わせるのは、他者中心主義の言語感覚である。人を惹きつけ、巻き込み、動かすオバマのことばの本質にせまる。

289 脳力開発マップのススメ 凄い才能を自分で創る●林 成之
オリンピック代表選手を虜にした〈勝負脳〉の林先生が、今度は、〈脳力開発マップ〉で教育を劇的に変える！

290 お笑い沖縄ガイド 貧乏芸人のうちなーリポート●小波津 正光
観光客が寝そべるビーチの傍では、ゲリラ戦に備えて米海兵隊員が訓練の真っ最中……。沖縄の抱える矛盾を笑い飛ばす芸人魂を見よ。

291 天皇の「まつりごと」 象徴としての祭祀と公務
●所 功
憲法の規定する「公務」だけが天皇の仕事ではない。皇室史研究の第一人者が、知られざる天皇の〝お務め〟の全体像に迫る。

292 グリーン・ニューディール 環境投資は世界経済を救えるか
●寺島実郎 飯田哲也 NHK取材班
環境投資は不況脱出の切り札か。オバマの登場で急速に動き出したアメリカの現状、日本の課題や最新環境技術までをやさしく解説。

293 「アメリカ社会」入門 英国人ニューヨークに住む
●コリン・ジョイス 谷岡健彦 訳
ユーモア、格差、幸福感……。様々な比較から見えてきたものは何か。英国人ジャーナリストが看破した「アメリカ社会」の本質。

294 江戸蕎麦通への道●藤村和夫
普段は覗くことができない暖簾の内側から、江戸蕎麦の奥深い世界へと誘う。美味しい蕎麦の薀蓄をたっぷりどうぞ！

295 今こそ知りたい消費税●林 信吾 葛岡智恭
財政は破綻寸前、社会保障は崩壊寸前なので、消費税増税。この理屈のウソを暴き、大型間接税としての消費税について考える緊急提言の書。

296 **灘中の数学発想法** 問題を眺める10のツボ
●幸田芳則
日本屈指の数学力はいかにして育まれるのか。厳選した10問への向き合い方を通して、発想法にこだわる灘式数学の真髄を明らかにする。

297 **田舎力** ヒト・夢・カネが集まる5つの法則
●金丸弘美
都会もうらやむ活力と雇用を創出する田舎が続々誕生している。具体例から学ぶ地域おこし成功のポイントとは。

298 **心を鍛えるヨーガ**●番場裕之
呼吸の質を高め、身体の緊張を解くことで、心の安定を取り戻していく——悩みを抱える現代人によく効くヨーガ実践法。

299 **厳父の作法**●佐藤洋二郎
子を思うがゆえに、突き放す。武骨な中年作家と高校生になった息子、男親の威厳を守り抜こうと体を張って奮闘する日々を描く。

300 **北方謙三の『水滸伝』ノート**●北方謙三
原典をもしのぐ壮大な物語「北方版水滸伝」を中心に、作家・北方謙三が、中国の歴史や物語と小説創作とのスリリングな関係を語る。

301 **新型インフルエンザはなぜ恐ろしいのか**
●押谷 仁　虫明英樹
人類はウイルスに対して何ができるのか。WHOで活躍する医師と、最前線に立つジャーナリストが問題の本質を語りつくす。

302 **通勤電車でよむ詩集**●小池昌代［編著］
電車の揺れに身を任せ、生きている実感を取り戻す言葉にふれるひとときを。ジャンルを超えて活躍する詩人が、古今東西の名詩41編を紹介。

303 **勝間・藤巻に聞け！「仕事学のすすめ」**
自分ブランドで課題克服●勝間和代　藤巻幸夫
「情熱の藤巻」と「論理の勝間」。それぞれの仕事術のエッセンスとは。人生のミッション、志について大いに語り合った対談も収録。

304 **見通す力**●池上 彰
新聞、雑誌、TV、書籍、ネット等のメディアから価値ある情報をつかみ、「これから」を予測する、池上流「先読み術」を初公開。

305 **正岡子規の〈楽しむ力〉**●坪内稔典
子規は短い生涯に実に多くの楽しみを見つけた人。伝統詩の革新、野球、落語、最後は病気まで楽しんだ。新たな視点で描く子規の本。

306 がん検診は誤解だらけ 何を選んでどう受ける
●斎藤 博
がん検診には受けても効果の乏しいものもある。がん検診の第一人者が、国際基準を踏まえて読者に勧める効果のあるがん検診とは。

307「龍馬」を読み解く100問●大石 学 佐藤宏之
坂本龍馬の激動の生涯を読み解く100問100答。NHK大河ドラマ「龍馬伝」時代考証家が、最新の研究成果をもとに設問を作成。

308 はじめての宗教論 右巻 見えない世界の逆襲
●佐藤 優
キリスト教に照準し、聖書の正しい読み方から神学的思考の本質までを明快に解説。21世紀を生き抜くための知性が身につく！

310 プロフェッショナルたちの脳活用法2
育ての極意とアンチエイジング●茂木健一郎 NHK「プロフェッショナル」制作班
脳を育てること、若々しく保つこと―脳科学の世界でも注目の2大テーマについて、プロフェッショナルたちの事例からその極意を伝授。

311〈聞き上手〉の法則 人間関係を良くする15のコツ
●澤村直樹
「この人ともっと話したい」「また会いたい」。そう思わせるのは、話し上手よりも聞き上手。コミュニケーション力は「聞き方」で変わる！

312 5人の落語家が語るザ・前座修業●稲田和浩 守田梢路
人気と実力で知られる落語界の5人のスターたち。彼らはどのような修業を経て真打になったのか？〝社会の前座たち〟に贈る英知の言葉。

313 シングル介護 ひとりでがんばらない！ 50のQ&A
●おち とよこ
老親を一人で介護する「シングル介護」が増えている。本書はシングル介護に役立つ実用ノウハウをQ&A形式でわかりやすく伝授する。

314 ほとけの履歴書 奈良の仏像と日本のこころ●籔内佐斗司
平城遷都一三〇〇年祭のマスコットキャラクター「せんとくん」の生みの親が、「奈良」と「仏像」をキーワードに「日本のこころ」へと迫る。

315 新国民病 ロコモティブシンドローム
長寿社会は警告する●中村耕三
推定対象者数4700万人。足腰の骨、関節、筋力の劣化が歩行困難をもたらし、長寿社会日本を脅かす「ロコモ」問題を総解説。

316 大名行列の秘密●安藤優一郎
江戸は大名行列であふれていた⁉ 殿様一行の珍事件や参勤交代が生んだ新ビジネスを通して、未知なる江戸の姿をいきいきと描き出す。

317 うつ克服の最強手段 言霊療法●高田明和
言霊力をフル活用することで、薬物一辺倒からの脱出を図る。著者自身のうつ体験をふまえた、今日から使える心のトレーニング法。

318 使える経済書100冊 『資本論』から『ブラック・スワン』まで●池田信夫
「いま本当の役に立つ経済書」をピックアップ。これからの時代を生き抜くために、経済の一歩先の読み方を伝授する実践的ブックガイド。

319 常用漢字の事件簿●円満字二郎
常用漢字にまつわる怪事件、珍事件を検証し、社会における漢字のあり方をあぶりだす。漢和辞典編集者が語る「漢字世相史」、ここに誕生！

320 Twitterで英語をつぶやいてみる●石原真弓
英語日記でおなじみの著者が、新たな英語学習ツールとして推奨するツイッター。楽しくつながって語学力アップ！ フレーズ集も充実。

321 さよならニッポン農業●神門善久
日本の農地が消えてゆく――。知られざる農地行政の実態を明らかにし、崩壊前夜の日本農業を救う方途を提示する。

322 就活革命●辻 太一朗
長期化に拍車がかかる大学生の就活。この悪習を改善する手立てはないのか。学生、大学、企業――三者が幸福になるための具体策。

323 20歳からの〈現代文〉入門 ノートをつけながら深く読む●中島克治
麻布中学・高校の国語科教諭が、抜粋・要約・論述の3ステップのノート作りを通して、読んだ本を自らの「生きる力」とする方法を伝授。

324 父として考える●東 浩紀 宮台真司
娘ができて初めて見えた日本社会の問題点とは？ 育児体験から教育制度、民主主義の未来まで、ホンネで語り合う白熱の討論！

325 「怖い絵」で人間を読む●中野京子
名匠の手による、一見かわいらしい王子の肖像画。しかし、その絵が描かれた背景には――。三十三点の名画から人間の本性を読み解く。

326 ミドルクラスを問いなおす 格差社会の盲点●渋谷 望
「中流」にこそ問題あり！ 戦後の総中流社会の誕生にまで遡り、ミドルクラスの精神が様々な矛盾を一貫して生み出していることを明らかにする。

生活人新書　好評発売中！

■話題の近刊書

304 見通す力 ●池上 彰

新聞、雑誌、TV、書籍、ネット等のメディアから価値ある情報をつかみ、「これから」を予測する、池上流「先読み術」を初公開。

308 はじめての宗教論 右巻：見えない世界の逆襲 ●佐藤 優

キリスト教に照準し、聖書の正しい読み方から神学的思考の本質までを明快に解説。21世紀を生き抜くための知性が身につく！

320 父として考える ●東 浩紀 宮台真司

娘ができて初めて見えた日本社会の問題点とは？ 育児体験から教育制度、民主主義の未来まで、ホンネで語り合う白熱の討論！

325 「怖い絵」で人間を読む ●中野京子

名匠の手による、一見かわいらしい王子の肖像画。しかし、その絵が描かれた背景には——。三十三点の名画から人間の本性を読み解く。

■日本のいまを読み解く

276 金融大崩壊 「アメリカ金融帝国」の終焉 ●水野和夫

未曾有の金融クライシスの本質は何であるのか、そして、世界と日本の今後はどうなっていくのか。気鋭エコノミストが鮮やかに読み解く。

318 使える経済書100冊 『資本論』から『ブラック・スワン』まで ●池田信夫

「いま本当の役に立つ経済書」をピックアップ。これからの時代を生き抜くために、経済の一歩先の読み方を伝授する実践的ブックガイド。

321 さよならニッポン農業 ●神門善久

日本の農地が消えてゆく——。知られざる農地行政の実態を明らかにし、崩壊前夜の日本農業を救う方途を提示する。

■今月の新刊

328 科学は誰のものか 社会の側から問い直す ●平川秀幸

バイオテクノロジーや再生医療等、科学だけでは解けない問題を社会全体でどう考えるか。科学技術社会論（ＳＴＳ）入門の決定版。